COMBATTRE SES PENSÉES NÉGATIVES

COLLECTION VERBE DE VIE

Le Verbe de Vie

Cette collection lancée à l'initiative de la Communauté du Verbe de Vie (Notre Dame de Fichermont, rue de la Croix 21A, 1410 WATERLOO – BELGIQUE) regroupe des ouvrages dont les auteurs sont en lien direct avec elle. Ils abordent des thèmes de vie spirituelle fondamentaux pour la vie et la vocation du disciple du Christ. Les différents ouvrages de cette collection, centrés sur la Parole de Dieu et les enseignements de l'Église, contribuent à la construction et la croissance dans l'amour de Dieu et l'amour de l'Église

*

Ce livre vous a plu,
vous pouvez, sur notre site internet :
donner votre avis
vous inscrire pour recevoir notre lettre mensuelle d'information
consulter notre catalogue complet, la présentation des auteurs,
la revue de presse, le programme des conférences
et événements à venir ou encore feuilleter des extraits de livres :
www.editions-beatitudes.fr

*

ISBN 978-2-84024-402-8

Conception de la couverture : mc-design – Martin Casteres
Illustration de la couverture : Yves Guézou

*

Dépôt légal : mars 2011 - IMPRIMÉ EN FRANCE - Imprimeur n° 15136
Achevé d'imprimer le 7 mars 2011
sur les presses de l'imprimerie « La Source d'Or » 63039 Clermont-Ferrand

IMPRIM'VERT

PEFC
PEFC/10-31-2008

Dans le cadre de sa politique de développement durable, La Source d'Or a été référencée IMPRIM'VERT® par son organisme consulaire de tutelle.
Cet ouvrage est imprimé - pour l'intérieur - sur papier bouffant « Pamo Sky » 80 g, provenant de la gestion durable des forêts, des papeteries Arctic Paper, répondant à la certification « ECF » (Elementary Chlorine Free).

JOËL PRALONG

COMBATTRE SES PENSÉES NÉGATIVES

Éditions des Béatitudes

Dans la collection Verbe de Vie :

Ouvrages déjà parus :

– *Le sacrement de réconciliation, miracle de l'amour*, Jacques Marin, 1995.
– *Abraham, un père au cœur d'enfant*, Olivier Belleil, 2000.
– *Vivre dans la louange*, Bertrand Georges, 2001.
– *Élie, l'homme de feu*, Olivier Belleil, 2002 (épuisé*).
– *Viens, Esprit Saint ! Parcours des sept semaines pour préparer l'effusion du Saint-Esprit*, Olivier Belleil, 2007.
– *Faire les bons choix au bon moment, discerner, choisir, décider dans l'Esprit Saint*, Bertrand Georges, 2007.
– *Sortir gagnant de nos luttes intérieures*, Sr Marie-Anne Leroux, 2008.
– *La relation conjugale, liturgie de l'amour*, Olivier Belleil, 2009.
– *Un rendez-vous avec Elle, la merveilleuse présence de la Vierge Marie dans nos vies,* Sr Emmanuelle Fournier, 2010.

Ouvrages du même auteur :

Aux EDB :

– *De la faiblesse à la force, Paul de Tarse et Thérèse de Lisieux, un chant d'amour à deux voix*, 2008.
– *Apprivoiser son caractère, Tu n'es pas responsable de la tête que tu as mais de la tête que tu fais*, 2009.
– *Angoisse, dépression, culpabilité, un chemin d'espérance avec Thérèse de l'Enfant-Jésus*, 2010.

Autres éditeurs :

– *Le pouvoir des mains vides, Jérémie, le curé d'Ars, le prêtre*, éditions Saint-Augustin, Saint Maurice (Suisse), 2009.
– *Dieu dans mes bagages, Récits, témoignages d'un curé*, Éd. à la Carte, Sierre (Suisse) 2010.

*Disponible en livre numérique à télécharger sur notre site internet : www.editions-beatitudes.fr

Introduction

COMMENT S'Y PRENDRE ?

Tu broies du noir ?

– Je te sens préoccupé et anxieux, absorbé dans ton monde intérieur,

tu ne souris plus,

les traits de ton visage sont tirés,

tu ne parles plus beaucoup,

tu t'isoles de plus en plus…

N'es-tu pas en train de broyer du noir ? Que se passe-t-il ?

– C'est vrai, je vois tout en noir ces temps-ci. Je suis fixé sur mes examens de fin d'année. Quelque chose me dit que je vais les rater. Je suis obsédé par ce sentiment d'échec, même si je sais, objectivement, que je n'ai rien à craindre. Mais c'est plus fort que moi. Cette pensée négative m'obsède, elle ne me quitte pas. Je n'arrive pas à la chasser. Alors, je perds confiance en moi, je m'angoisse et je déprime.

Cette conversation est un exemple parmi d'autres de ces pensées négatives qui font irruption dans notre esprit sans crier gare. Ces idées noires, bien réelles et présentes en nous, ne sont pas forcément représentatives de la réalité. Elles la déforment. Il y a un fossé important entre ce qui est redouté, ce qui surviendra réellement et la manière de le vivre. Les pensées tournent dans notre tête, en circuit fermé, comme un essaim d'abeilles, sans solution possible face au futur menaçant. Certains soucis sont contrôlables, d'autres non. Leur cause n'est pas toujours connue. Il nous arrive en effet de broyer du noir sans savoir pourquoi. Des pensées négatives nous envahissent, surgissant de l'inconscient, sur un arrière-fond d'angoisse ou de mauvaise humeur. Il y a des jours de grisaille, dit-on, et il faut faire avec. Les idées négatives sont à l'origine de problèmes relationnels, professionnels, sentimentaux, et de troubles de l'humeur.

Tu deviens ce que tu penses

Les pensées, négatives et positives, fournissent du matériau aux jugements que nous portons sur les autres ou sur nous-mêmes. Elles nous influencent et nous poussent à agir de telle ou telle manière. Elles façonnent notre personnalité et dirigent notre comportement.

Dans les années cinquante de notre ère, le philosophe grec Épictète écrivait : « Les hommes ne sont pas déconcertés par les événements, mais par l'idée qu'ils s'en font[1]. » Autrement dit, ce n'est pas l'événement qui nous rend heureux ou malheureux, mais l'interprétation qu'on s'en fait. La plupart du temps, nous sommes nos propres bourreaux. Par exemple, je peux éprouver de l'antipathie pour une personne que je rencontre pour la première fois, sans savoir pourquoi. Je ne suis pas responsable de cet état d'âme, il relève tout simplement de l'irrationnel[2]. Par ailleurs, si je

---

1. A. GRÜN, *Conquérir sa liberté intérieure*, éd. de l'Atelier, Paris, 2000, p. 17.

2. Ce genre d'attitude qui relève de l'irrationnel vient en général de l'inconscient. Notre inconscient enregistre tous nos souvenirs, jusque dans les moindres détails. Il est aussi ce fourre-tout dans

n'en ai pas conscience, mon antipathie va se transformer en jugement erroné porté sur la personne, au point de ne plus pouvoir la supporter. Pour se dégager des fausses représentations que nous nous faisons du monde, il est nécessaire de purifier nos pensées des passions qui les parasitent, comme la colère, la peur, la tristesse, la jalousie, etc. Car ce sont elles qui obscurcissent notre jugement.

Des pensées parasitées par les passions

Les pensées se nourrissent de mots, d'images ou d'idées de nature très variable, puisés au creuset de notre quotidien. L'impression du quotidien dans notre esprit déclenche toutes sortes de sentiments et d'émotions.

Il arrive, et c'est bien connu, que certaines pensées, encadrées par l'imagination (cinéma intérieur), allument passion, émotion ou pulsion, d'où les expressions : *Je bouillonne de rage... J'ai envie de tout détruire... Je suis paralysé par l'angoisse... J'ai un coup de foudre pour cette personne... Mon cœur bat la chamade... Je suis excité par une pulsion sexuelle*, etc. Et voilà que les pensées s'agitent, brassées par la passion. Elles s'imposent à notre esprit, nous torturent et nous obsèdent. Si l'on n'y met pas fin, elles vont engendrer la tentation et, de là au passage à l'acte, il n'y a qu'un pas.

Les pensées tourmentées se chargent d'angoisse, de colère, de tristesse, de désespoir ou d'espoir, d'attrait affectif, sexuel. Le corps y participe également : augmentation

---

lequel nous rejetons (refoulons) des blessures anciennes et des désirs interdits que nous refusons de voir ou d'accepter. Ceux-ci remonteront tôt ou tard à la conscience sous forme d'angoisse, de peur, d'obsessions diverses. Dans l'exemple cité, les attitudes de la personne antipathique ont certainement réveillé chez le vis-à-vis de vieilles blessures relatives à un événement oublié. Seul un sentiment de rejet est remonté à la surface.

de la tension artérielle, décharge d'adrénaline, excitation ou paralysie, maux de tête, tremblements, etc.

Inversement, les pensées positives nous calment ; d'elles émanent joie, tranquillité, discernement, désirs de bonté, d'amour, d'harmonie, de paix, de pardon.

Tu es bien plus que tes passions [1]

Trois éléments composent l'être humain : *l'esprit*, *le psychisme*, *le corps*.

L'esprit est notre âme spirituelle et immortelle créée directement par Dieu. L'âme anime notre vie et toutes nos facultés humaines. Le psychisme correspond à la partie émotionnelle et passionnelle de notre être. Le corps matériel vit par l'esprit. Il en est marqué.

L'intelligence et l'amour sont les deux manifestations de l'âme spirituelle. L'esprit est donc cette capacité en nous de discernement, de générosité, de don de soi, de dépassement, de force, de maîtrise de soi et d'ouverture au Créateur. L'Esprit de Dieu habite dans notre âme :

> *« Moi, je prierai le Père : il vous donnera un autre Paraclet qui restera avec vous pour toujours. C'est lui l'Esprit de vérité, celui que le monde est incapable d'accueillir parce qu'il ne le*

---

1. Les passions, synonymes d'émotions, de sentiments, de pulsions, appartiennent aux mouvements de notre sensibilité. Imprévisibles comme des chevaux fougueux, l'homme raisonnable doit en être le maître, à la manière du cavalier qui tient sa monture en bride. Si, au contraire, il se laisse mener et emporter par sa propre monture, il perd sa liberté. Maîtrisées et canalisées, les passions deviennent des énergies positives, au service de l'humain. Par exemple, l'énergie agressive renforce la vertu de courage, stimule l'effort à aller jusqu'au bout de ses engagements. L'énergie sexuelle consolide l'amour des conjoints et enrichit leur vie de couple. Non contrôlées, les passions nous envahissent et brouillent la juste vision des choses, elles sont la cause de nos faux jugements et des interprétations erronées de la réalité. Et le péché s'en sert pour agir avec plus de force.

voit pas et qu'il ne le connaît pas. Vous, vous le connaissez, car il demeure auprès de vous et il est en vous. » (Jn 14, 16-17)

Notre esprit est plus grand que nos passions, et il ne peut être influencé par elles. Les émotions et les sentiments changent souvent, au gré des circonstances. Ils oscillent entre la peur et le courage, la joie et le découragement, l'optimisme et le pessimisme. Ils sont sujets à l'ambiance dans laquelle nous baignons, au travail que nous faisons, aux personnes que nous côtoyons. Il arrive qu'aujourd'hui nous nous sentions euphoriques et plein d'élan, et soudainement, demain, tristes et abattus. Cela peut dépendre du temps qu'il fait, des personnes sympathiques ou antipathiques que nous croisons. Nos émotions conditionnent nos pensées ; tandis que notre esprit ne se laisse pas troubler par tout cela. Il demeure dans la paix et la confiance, comme l'atteste l'apôtre Paul : *« Je suis tout rempli de consolation, je déborde de joie dans toutes nos détresses.* » (2 Co 7, 4)

Plus nous laissons Dieu agir en nous, et plus nous acquérons la maîtrise de nos pensées oppressantes.

Il ne faut jamais se baser sur les émotions que l'on éprouve pour prendre des décisions importantes ou orienter sa vie. « Sentir, éprouver » est une chose, tandis que « réfléchir, discerner et s'appuyer sur Dieu » en est une autre. Torturé par des idées négatives, je peux aussi décider de concentrer toutes mes pensées sur le Christ qui est le Chemin, la Vérité et la Vie.

Par exemple, je sais que cette pulsion obsédante, qui envahit le champ de ma conscience, ne vient pas de Dieu. Elle n'est pas le tout de ma personnalité elle ne me sépare pas de lui. Et plus : par Celui qui nous a aimés, j'en suis déjà plus que vainqueur (cf. Rm 8, 37-39).

« C'est moi, n'ayez pas peur ! » (Jn 6, 20.)

« Venez à moi, vous tous qui peinez sous le poids du fardeau, et moi je vous donnerai le repos. » (Mt 11, 28)

Voilà la démarche proposée au début de cet ouvrage : venir au Christ et ouvrir son cœur à sa lumière. Lui seul peut nous décharger véritablement de nos fardeaux.

Avec le baptême, nous avons reçu le don de la grâce et, avec la grâce, le don du Saint-Esprit qui distribue en nous ses fruits : la paix du cœur, la sérénité, l'amour, la patience, l'enthousiasme, la volonté et la force de faire le bien. L'absence de Dieu dans la vie crée un vide intérieur que rien ni personne ne réussit à combler. La rencontre profonde avec Dieu est la porte ouverte à la guérison de tout l'être. Si Dieu n'est pas au cœur de notre vie et au centre de nos préoccupations, alors nous inversons les rôles et le remplaçons par notre propre moi, notre ego, qui cherchera son bonheur dans les idoles : le succès, la réussite, la réputation, la reconnaissance, l'argent, la voiture, la maison, etc. Et nous vivrons toujours avec la peur de perdre, de manquer, de ne plus être considérés, reconnus. Sans Dieu, nous perdons la vraie paix, celle qui demeure au sein de toutes les tempêtes. L'angoisse et la dépression sont les maladies d'aujourd'hui. Ne sont-elles pas le résultat de ce vide intérieur lié à la perte de Dieu ? Le psychiatre autrichien Viktor Frankl (+ 1997) nous rend attentifs au fait que chez l'homme perturbé psychiquement se manifeste plus en profondeur « une crise de ses raisons de vivre ». Il a perdu le sens de son existence. Il ne sait pas pour quoi ni pour qui il vit. Pour ce praticien, la névrose pourrait être l'expression d'une religion refusée[1].

---

1. Voir : Viktor FRANKL, *Nos raisons de vivre – À l'école du sens de la vie*, Inter Éditions, 2009. Ainsi que : *Découvrir un sens à sa vie avec la logothérapie*, Éditions de l'Homme, 1988. Site internet en allemand/anglais : www.viktorfrankl.org

Je tiens à préciser dès le départ que ce livre ne propose ni une technique ni un nouveau truc pour nous libérer de nos malaises. À la suite des anciens moines, les Pères du désert, il voudrait inviter le lecteur à laisser Dieu respirer en lui, comme l'oxygène indispensable à notre survie. Leur enseignement veut nous conduire à *l'hesychia*, terme grec qui signifie « tranquillité, calme, repos, paix, douceur, silence intérieur, solitude ». Ces maîtres des premiers siècles de l'Église nous ont laissé un héritage précieux. Leurs écrits constituent d'abord le témoignage de leur propre combat contre les pensées négatives qui plongent l'homme dans le trouble et le tourment. Ils nous indiquent la voie pour en sortir, par des moyens spirituels tout simples, une sorte de médecine de l'âme.

C'est pourquoi je t'invite, cher ami lecteur, avant de poursuivre, à implorer sur toi la venue de l'Esprit Saint. Ne te préoccupe pas de ton manque de foi, n'aie pas peur de tes imperfections, crois seulement que Dieu veut te visiter. Il n'attend qu'un signe de toi pour diffuser la lumière de ton baptême dans toutes les couches de ton être, et jusque sur ton visage ! Aussi, nourris-toi de sa Parole et de la grâce des sacrements, principalement de l'Eucharistie et du Pardon. Le premier nous unit profondément à Dieu et aux autres, comme les différents sarments sur un même cep de vigne. Le second vient guérir nos relations brisées par le péché, il nous remet dans la confiance à Dieu et aux autres.

Cet ouvrage reprend, en partie, le chapitre sur « les pensées » abordé dans mon précédent livre[1]. Il en est son complément pratique, plus approfondi et mieux étayé, offrant des pistes nouvelles, comme la mise en route de la prière du cœur, l'apprentissage de la louange, la méditation de la Parole de Dieu, la récitation du Rosaire. Plus qu'un

---

1. J. Pralong, *Apprivoiser son caractère*, éd. des Béatitudes, Nouan-le-Fuzelier, 2009.

enseignement théorique, il répond essentiellement à des questions concrètes : *comment faire pour se libérer de ses pensées perturbatrices.* Il veut être, humblement entre tes mains, cher ami, un petit traité contemplatif et actif pour t'aider à trouver la paix intérieure, *l'hesychia.*

Chapitre 1

PENSÉES NÉGATIVES ET POSITIVES : UN CHAMP DE BATAILLE

Une précision

Je classerai, dans ce chapitre, les pensées négatives en trois groupes distincts. Dans le premier, j'envisagerai celles qui nous traversent l'esprit certains jours, voire tous les jours, ces pensées venant des circonstances extérieures ou bien relevant de nos états d'âme (anxiété, colère, peur), mais sans gravité pour notre santé psychique et spirituelle ; en définitive, le tempérament y exerce une forte influence. Dans le deuxième groupe, j'énumérerai les pensées franchement viciées qui nous obsèdent, nous induisant à la tentation, jusqu'à commettre l'acte mauvais. Enfin, j'aborderai la notion « d'angoisse » qui, bien souvent, tourmente nos pensées jusqu'à nous rendre malades.

Si la naissance des pensées, bonnes ou mauvaises, dans notre esprit, ne dépend pas toujours de nous, il dépend néanmoins de nous de les accueillir et de les approuver. Nous en restons les maîtres. Certaines surgissent impulsivement de notre inconscient, comme des forces illogiques et irrationnelles liées à des blessures ou des souvenirs enfouis ; d'autres peuvent encore se glisser en nous comme des suggestions du Malin sous forme de paroles ou d'images ; notre esprit peut volontairement les former, en les puisant dans le réservoir de la mémoire ; enfin, Dieu lui-même fait naître dans l'âme de bonnes pensées, sous forme d'intuitions, d'images, de révélations.

Combattre les pensées relatives à nos états d'âme

Elles s'insinuent en nous sans qu'on s'en rende toujours compte. Si l'on n'y prend pas garde, elles assombrissent nos relations, nous rendant plaintifs, critiques et de mauvaise humeur. Elles risquent de s'installer longtemps dans notre esprit, nous taillant, à la longue, un caractère insupportable.

En voici quelques exemples :

Au début de la journée, des constatations négatives, une vision pessimiste :

Quel temps pourri aujourd'hui !... Encore une journée étouffante... Il faut de nouveau aller bosser... Je suis tellement fatigué, bonjour le stress !... Et quand je pense à cette personne avec qui je dois passer la journée, je perds tous mes moyens... Cela n'a plus de sens... Je me tue à la tâche...

La maison est en désordre... Et la salle de bains toujours occupée... Dépêche-toi, je suis en retard... Tu vas manquer ton bus...

Des jugements portés sur les autres :

Quoi, encore lui !... Quelle tête il pousse... Je ne supporte plus sa voix... Il n'arrête pas de hurler... Je sens que je vais faire un malheur... Il critique tout le temps... Je ne pourrai jamais m'entendre avec cette personne... Qu'est-ce qu'il va encore me demander ?...

Une dévalorisation de soi :

Je suis incapable... Je me sens nul... Je n'y arriverai jamais... Personne ne m'aime... C'est trop difficile... De toute façon, je ne réussis jamais... Ma vie, un gâchis... Je suis une mauvaise mère, un mauvais père... J'ai tout raté avec mes enfants... C'est toujours sur moi que ça retombe... On me laisse toujours seul... On vient me chercher seulement lorsqu'on a besoin de moi... Je ne sers à rien... On n'arrête pas de parler de moi, de me critiquer... Bof, à quoi ça sert ?... Je n'oserai jamais...

Il suffit parfois d'une parole positive venant d'un tiers pour renverser la tendance ; par exemple :

Ce n'est pas si grave que ça... Je crois que tu en es capable... Je crois en toi... J'ai besoin de toi, tu es précieux à mes yeux... Tu verras, tout finira par s'arranger... Je te remercie de tout ce que tu fais pour moi... Du calme, une chose après l'autre... Je te demande pardon... Cette personne, elle a aussi de bons côtés...

Une parole positive que l'on peut aussi se répéter à soi-même :

Seigneur, je sais que tu m'aimes... Tu m'as déjà pardonné...

L'espérance ne déçoit jamais... Le Seigneur sera là au bon moment...

Merci pour cette journée, avec toi, elle sera belle... J'ai été pardonné, je n'ai plus à revenir sur le passé... Dieu continue de m'aimer...

Cependant, il faut savoir que la pensée positive ne réussit pas à éradiquer tout le négatif qui est en nous. Ce n'est pas une potion magique. Nos peurs sont trop profondément ancrées dans notre inconscient pour disparaître par la simple répétition d'une parole. Toutefois, cet effort de concentration sur une phrase constructive, dans la durée, peut influencer nos pensées et modifier ainsi notre comportement.

Pour les anciens moines, le point de départ de la lutte contre les pensées négatives se situe dans la conversion et l'union avec Dieu. C'est lui qui sauve et guérit, et non une méthode. La prière se transforme en champ de bataille entre les deux camps. Là se vérifient les progrès, les victoires et les défaites. Mais c'est toujours Dieu qui combat avec nous. Pour les anciens, penser positivement, c'est laisser la Parole de Dieu venir imprégner la nôtre afin de la rendre droite. Saint Paul va dans la même direction :

> « *Les armes de notre combat ne sont pas d'origine humaine, mais leur puissance vient de Dieu pour la destruction des forteresses. Nous détruisons* les raisonnements prétentieux *et toute puissance hautaine qui se dresse contre la connaissance de Dieu.* Nous faisons captive toute pensée pour l'amener à obéir au Christ. » (2 Co 10, 4-5)

Et encore : « *Or, nous, nous avons la pensée du Christ.* » (1 Co 2, 16) La Parole de Dieu exerce une influence bien plus grande qu'une simple parole humaine répétée, parce qu'elle infuse l'Esprit Saint dans notre cœur : « *Les paroles que je vous ai dites sont Esprit et Vie.* » (Jn 6, 63) Ou bien : « *L'Amour de Dieu a été répandu dans vos cœurs par l'Esprit Saint qui vous a été donné.* » (Rm 5, 5) En la laissant descendre en nous, elle se diffuse dans tout notre être, nous transforme et nous guérit : « *Car je n'ai pas honte de l'Évangile : il est puissance de Dieu pour le salut de quiconque croit.* » (Rm 1, 16)

Dans la tradition monastique, Jean Cassien (+435) propose d'opposer des paroles tirées de l'Écriture Sainte aux pensées négatives. Tout au long de la journée, le moine les répète et les médite jusqu'à ce qu'elles deviennent une prière continuelle :

> « Je déclare qu'il dépend de nous, pour une grande part, de hausser le ton de nos pensées, et qu'elles soient saintes et spirituelles, ou terrestres et charnelles. Aussi bien, la lecture assidue et la continuelle méditation des Écritures n'a-t-elle point d'autre but que de procurer l'éclosion dans notre mémoire des pensées divines ; le chant répété des psaumes est destiné à nourrir une componction continuelle ; et notre empressement

aux veilles, aux jeûnes et à la prière a pour dessein d'affiner tellement l'âme qu'elle perde le goût des choses terrestres et ne veuille plus contempler que les célestes[1]. »

Il suggère, entre autres, l'utilisation du premier verset du Psaume 70 à murmurer sans cesse : *« Ô Dieu, viens à mon aide, Seigneur, hâte-toi de me secourir. »* Le contenu de cette invocation est riche d'affectivité et de spiritualité :

> « On y trouve l'appel à Dieu contre tous les dangers, une humble et pieuse confession, la vigilance d'une âme toujours en éveil et pénétrée d'une crainte continuelle, la considération de notre fragilité ; il dit aussi l'assurance du secours toujours partout présent, car celui qui ne cesse d'invoquer son protecteur est bien certain de l'avoir près de soi. C'est la voix de l'amour et de la charité ardents ; c'est le cri de l'âme qui a l'œil ouvert sur les pièges à elle tendus, qui tremble en face de ses ennemis et, se voyant assiégée par eux jour et nuit, confesse qu'elle ne saurait échapper, si son défenseur ne la secourt[2]. »

Ce genre d'invocation ne doit pas être répétée mécaniquement, mais avec amour pour que, sans interruption, le nom du Seigneur habite la mémoire du priant. La méthode a pour but d'aider au départ, mais c'est pour l'oublier ensuite. Il n'y a pas de technique pour aimer. Il faut aimer, c'est tout.

Comme exercice pratique, je t'invite, ami lecteur, à tracer deux colonnes sur une feuille blanche. À gauche, écris les pensées qui, habituellement, t'envahissent et te perturbent. Fais une distinction entre celles qui viennent du passé, du présent ou d'un futur que tu appréhendes.

Puis, à droite, cherche dans la Bible, pour chacune d'elles, le verset qui va te rassurer et t'apaiser jusqu'à *l'hesychia.* D'abord, médite le passage où il s'insère ; ensuite,

---

1. J. Cassien, *Les conférences* I, 17, cité par A. Grün, *Apprivoiser nos pensées*, Médiaspaul, Paris, 2008, p. 15-16.

2. Cité par J.-Y. Leloup, *Écrits sur l'hésychasme*, coll. « spiritualités vivantes », Albin Michel, Paris, 1990, p. 87.

concentre-toi sur cette Parole, sois sûr que c'est Dieu lui-même qui s'adresse à toi. « Respire-la » tout au long de la journée. Prends le temps de t'arrêter quelques minutes et d'entrer dans le silence afin de lui donner plus de puissance.

À titre d'exemples :

– J'ai peur, je n'y arriverai pas…

« Ne dis pas : je suis un enfant […] *car je* (Dieu) *suis avec toi pour te délivrer. »* (cf. Jr 1, 4-11)

– Personne ne m'aime… Je me sens vraiment nul…

« Tu as du prix à mes yeux, et je t'aime. » (Is 43, 4)
« Vois, je t'ai gravé sur la paume de mes mains. » (Is 49, 16)

– On me prend vraiment pour un domestique…
Je ne supporte plus cette personne…

« Tout ce que vous aurez fait au plus petit d'entre mes frères, c'est à moi que vous l'aurez fait. » (cf. Mt 25, 40)

– Je panique complètement…

« Que ton cœur ne se trouble pas. » (Jn 14, 27)

– Je me sens agressif…

« C'est dans la tranquillité et le repos que sera votre salut, C'est dans le calme et la confiance que sera votre force. » (Is 30, 15)

– Je n'arrive pas à me calmer… Je suis stressé…

« Ni par force ni par puissance, mais par son Esprit. » (Za 4, 6)

– Je suis assailli par la tentation…

« Ma grâce te suffit ; ma puissance donne toute sa mesure dans la faiblesse. » (2 Co 12, 9)
« Dieu est fidèle ; il ne permettra pas que vous soyez tentés au-delà de vos forces. » (1 Co 10, 13)

Le psautier est une mine d'or de prières, un véritable recueil de tous les sentiments et ressentiments humains confrontés à la Parole de Dieu, soutenus, apaisés, canalisés par elle :

– Dans l'angoisse :

« Je dis au Seigneur : "Mon refuge, mon rempart, mon Dieu dont je suis sûr." » (Ps 90, 2)

– Rongé par un sentiment de culpabilité :

« Toi qui es bon et qui pardonnes, plein d'amour pour ceux qui t'appellent. » (Ps 85, 5)

– Lorsque des souvenirs pénibles du passé me submergent :

« Délivre-moi de mes ennemis, Seigneur : j'ai un abri auprès de toi. [...] *Ton souffle est bienfaisant, qu'il me guide en un pays de plaine. »* (Ps 142, 9-10)

– Tourmenté par les soucis matériels, la soif des richesses :

« Garde-moi, mon Dieu ; j'ai fait de toi mon refuge. J'ai dit au Seigneur : "Tu es mon Dieu ! Je n'ai pas d'autre bonheur que toi." » (Ps 15, 1-2)

À toi de parcourir le livre des psaumes et d'en retirer quelques pépites pour ta prière continuelle, dans le sillage des moines du désert.

L'idéal serait d'avoir en sa possession la *Liturgie des heures* [1] qui invite à réciter les psaumes plusieurs fois dans la journée (matin, midi, soir). Il est alors possible de trouver, pour chaque jour, le verset qui viendra nourrir sa prière et protéger le cœur des pensées négatives.

1. En un ou quatre volumes aux éditions du Cerf, Desclée de Brouwer ou Mame. L'édition en quatre volumes contient, en plus, des lectures bibliques et spirituelles pour chaque jour.

Il serait profitable, le matin au lever, de diriger sa première pensée vers le Seigneur, mentalement ou à haute voix : *« Dieu, tu es mon Dieu, mon âme a soif de toi ! »* (Ps 62, 2) ; *« Dieu, viens à mon aide ! » ; « Ma force et mon chant, c'est le Seigneur, il est pour moi le salut ! »* (Antienne du cantique de Moïse, samedi, semaine I.) Jean Cassien explique qu'il faut invoquer le nom de Jésus au moment où l'on s'endort, pour que la prière pénètre le sommeil.

Combattre les pensées mauvaises et viciées

A) L'engrenage de la pensée viciée

Toute pensée pénètre dans le cœur par l'image des choses sensibles, comme la représentation de celui qui nous a blessés, par exemple, ou celle d'un corps dénudé qui réveille brutalement l'émoi sexuel. Dès que l'image entre dans le champ de la conscience, la passion véhémente met le feu à la pensée qui surgit simultanément. « D'abord naissent les pensées, puis les passions se montrent », remarque saint Dorothée de Gaza. Si, à ce moment-là, la pensée enflammée entre en dialogue avec l'image suggérée, elle se charge de rancœur, de violence contre la personne, ou de désir impur, d'érotisme et de prostitution. Prise dans l'engrenage pulsionnel vicié, la pensée, de plus en plus obsédante, jettera le sujet dans les filets du péché. Le péché, ici, s'est servi de la passion pour aveugler l'intelligence et affaiblir la volonté afin de détourner l'âme du Bien [1].

---

1. Le manque d'attention aux images et aux pensées prépare le terreau sur lequel naîtront les péchés personnels, qui se serviront des passions pour provoquer bien des ravages, car « les passions sont moralement bonnes quand elles contribuent à une action bonne, et mauvaises dans le cas contraire. La volonté droite ordonne au bien et à la béatitude les mouvements sensibles qu'elle assume ; la volonté mauvaise succombe aux passions désordonnées et les exacerbe. Les émotions et sentiments peuvent être assumés dans les vertus,

La philocalie des Pères neptiques[1] explique ainsi ce mécanisme :

« De même qu'un petit enfant, qui est sans malice, prend plaisir à voir un illusionniste et le suit, dans son innocence, de même notre âme, qui est simple et bonne, telle qu'elle a été créée par son bon Maître, prend plaisir aux *suggestions des images* que suscite le diable et, trompée, court vers le pire comme vers un bien, telle la colombe vers celui qui tend des pièges à ses petits. *L'âme mêle ainsi ses pensées aux images que suscite la suggestion démoniaque.* S'il arrive que lui apparaisse un visage de belle femme, ou toute autre chose que défendent strictement les commandements du Christ, elle désire les suivre afin de capter elle-même ce qu'elle a vu de beau. Elle en vient alors au *consentement,* et il ne lui reste plus qu'à *passer à l'acte*, en commettant dans son corps la faute qu'elle a vue en pensée, pour sa propre condamnation[2]. »

B) Les passions viciées

Les passions qui constituent les mailles de notre sensibilité ou de notre tissu psychique sont nombreuses.

« Les sentiments ou passions désignent les émotions ou mouvements de la sensibilité, qui inclinent à agir ou à ne pas agir en vue de ce qui est ressenti ou imaginé comme bon ou comme mauvais [...]. La passion la plus fondamentale est l'amour provoqué par l'attrait du bien. L'amour cause le désir du bien

---

ou pervertis dans les vices. » (*Catéchisme de l'Église catholique*, § 1768).

1. *La Philocalie des Pères neptiques*, parue en grec en 1782, se présente donc comme l'ouvrage qui, page après page, indique le moyen de parvenir, à la suite de pères spirituels, par la « sobriété de l'esprit », au vrai « beau », au vrai « bien » : la vie en Christ, la communion avec Dieu. *Philocalie* : ce mot grec signifie littéralement « amour de la beauté », de celle qui se confond avec le bien, le vrai. *Neptiques* : sobres. La *nepsis*, c'est la « sobriété de l'âme ». Nous en possédons quatre volumes (voir bibliographie à la fin de l'ouvrage).

2. *Philocalie des Pères neptiques*, fascicule 3, Hésychius et Jean Carpathios, Abbaye de Bellefontaine, Bégrolles-en-Mauges, 1981, p. 30.

absent et l'espoir de l'obtenir. Ce mouvement s'achève dans le plaisir et la joie du bien possédé. L'appréhension du mal cause la haine, l'aversion et la crainte du mal à venir. Ce mouvement s'achève dans la tristesse du mal présent ou la colère qui s'y oppose. » (*Catéchisme de l'Église catholique*, § 1763-1764)

Les passions perverties par les vices deviennent les ressorts du mal. Elles mettent au centre notre ego et nous lancent dans la recherche effrénée de la possession et des plaisirs. Colère et tristesse surgissent de l'insatisfaction des désirs égoïstes. Elles nous conduisent dans une mauvaise direction, faussant notre jugement sur nous-mêmes et le monde qui nous entoure.

> *« D'où nous viennent les conflits, constate saint Jacques, d'où viennent les combats parmi vous ? N'est-ce pas de vos plaisirs qui guerroient dans vos membres ? Vous convoitez et ne possédez pas ; vous êtes meurtriers et jaloux, et ne pouvez réussir ; vous combattez et bataillez. Vous ne possédez pas parce que vous n'êtes pas demandeurs ; vous demandez et ne recevez pas parce que vos demandes ne visent à rien de mieux que de dépenser pour vos plaisirs. »* (Jc 4, 1-3)

Les passions ainsi viciées se traduisent dans notre esprit par les pensées mauvaises. À la lumière de la psychologie moderne, il est à noter que les causes de ces attitudes ne sont pas toujours volontaires (la volonté consciente du sujet de faire mal), mais affectives. Elles sont bien souvent la conséquence d'une immaturité affective ou d'une blessure intime, ancienne ou nouvelle. Il ne faut donc pas les confondre avec le désir conscient de pécher ou de faire le mal.

Évagre le Pontique (+399), dans son traité pratique (*practikè)*, attribue les pensées mauvaises à huit passions viciées qui nous détournent du bien. Huit pensées (*logismoi*) qui sont à l'origine de nos comportements malades [1].

---

1. Sur l'enseignement d'Évagre le Pontique concernant les pensées, je me suis référé à : EVAGRIO PONTICO, *Sui pensieri, Appunti*

Trois passions correspondent aux instincts fondamentaux de l'homme sain : l'*affection* nous porte à nous attacher à un bien sensible et attirant (telle personne), le *désir* cherche à l'atteindre, le *plaisir* goûte ce bien une fois atteint. Perverties, ces trois passions se transforment en *convoitise*, qui est ce désir immodéré de posséder quelque chose, de s'approprier une personne, de la dominer, uniquement en fonction du profit et de la jouissance qu'elle peut procurer. L'autre ne représente qu'un moyen pour assouvir ses propres passions. La convoitise tue toute relation interpersonnelle, rendant l'homme dépendant et esclave de ses pulsions. Le moi, devenu idolâtre, n'aime que lui-même. Tout est interprété en fonction du ressenti immédiat : de l'agréable ou du désagréable, de l'envie du moment, de ce qui convient ou conforte, de ce qui satisfait ou, au contraire, contrarie.

La gourmandise, la luxure[1] et l'avarice sont les trois formes de la convoitise. Évagre utilise les termes de *dérèglement du ventre (gastrimargia), d'esprit de prostitution (porneia) et d'amour de l'argent (philarguria).*

La *gourmandise* est la maladie de toutes les formes de consommation. Le sujet se sent poussé intérieurement à faire des achats immodérés, à ingurgiter une quantité de nourriture (boulimie) ou à refuser de s'alimenter (anorexie), et à se laisser aller à ses pulsions sexuelles.

La pensée de la nourriture le préoccupe continuellement. L'angoisse le prend à la gorge ; une impression de solitude et de vide existentiel l'habite quand il ne mange pas. Au

---

di Viaggio, Roma, 2005 ; A. Guillamont, *Un philosophe du désert : Évagre le Pontique*, Paris 2004 ; A. et R. Goettmann, *Prière de Jésus, prière du cœur*, coll. « spiritualités vivantes », Albin Michel, Paris, 1994 ; J.-Y. Leloup, *Écrits sur l'hésychasme*, coll. « spiritualités vivantes », Albin Michel, Paris, 1990 ; Par un chartreux, *Le discernement des esprits*, Presses de la Renaissance, Paris, 2003.

1. Elle désigne un penchant immodéré pour la pratique des plaisirs sexuels. Elle renvoie aussi à une sexualité désordonnée ou incontrôlée.

niveau relationnel, l'esprit de consommation cherche à mettre la main sur l'autre, à le soumettre, à en faire sa propriété, à « le manger et le transformer en soi », selon ses besoins. En ramenant l'individu à des attitudes infantiles (plaisir de l'allaitement qui procurait un sentiment de sécurité sur le sein de sa mère), cette attitude dévoile une grande insécurité affective liée à la perte de l'amour des autres.

La pensée de la *luxure* obsède le sujet par des phantasmes sexuels qui défilent dans ses pensées. Plus il se laisse aller à ces scènes érotiques et plus il en éprouve le besoin. Ces images finissent par submerger tout le champ de sa conscience, trouvant leur satisfaction dans l'exploitation de l'autre en pensée, sur des sites pornographiques et enfin par le passage à l'acte. Selon Évagre, la pensée de la luxure fait croire aux moines qu'ils ne parviendront jamais à gérer leur sexualité et qu'il est inutile de lutter contre les désirs charnels. Par ailleurs, il estime tout aussi dangereux de réprimer et de nier cette passion, et de se faire des reproches exagérés lorsqu'on y cède. Au contraire, il vaut mieux l'apprivoiser et l'intégrer à sa personnalité comme une énergie positive. Pour les Pères du désert, il est un principe ascétique : ne jamais entrer en discussion avec les pensées sexuelles qui se présentent à la conscience, ni essayer de les chasser, ce qui leur donnerait encore plus de place et de puissance. Au contraire, il faut simplement s'en détourner, sans panique ni forcing, pour se diriger vers des activités constructives. Psychologiquement, ce besoin effréné de sexe peut aussi résulter de frustrations infantiles liées à la peur de ne pas être aimé.

L'*avarice* désigne toute forme de crispation sur l'avoir.

> « Saint Jean Cassien raconte l'histoire de ce moine qui laissa de grands biens à l'entrée du monastère, chars, chevaux, maisons, etc. et qui, une fois entré, devint incapable de se séparer d'une "gomme" : c'était plus fort que lui, il ne pouvait pas la prêter à ses frères. L'exemple est ridicule, mais il illustre bien

ces attachements irrationnels que certains peuvent avoir non seulement à l'égard d'un bien quelconque (gomme, livre, vêtement), mais aussi idée, pratique ou posture particulière. Il y a une sorte d'identification avec ce qu'on possède ; perdre cela, c'est comme se perdre soi-même[1]. »

L'avarice fait suite aux deux passions viciées précédentes, comme un besoin pathologique d'exister : manger, posséder le corps et se rassasier de la chair, s'accrocher à l'avoir, à la matière, tout cela donne l'impression, mais aussi l'illusion, de tenir la vie entre ses mains, de la fabriquer et de la conduire soi-même, à cause de cette peur morbide de la perdre, de retourner au néant, à l'inexistence. L'avare veut tout planifier, prévoir lui-même et organiser sa vie selon ses projets. Ses pensées tournent toujours autour de l'argent, de la peur de ne pas avoir assez et de voir comment l'économiser.

Les trois vices suivants découlent d'une attitude désordonnée vis-à-vis de nos sentiments : la tristesse (*lupè*), la colère (*orgè*), l'acédie (*akedia*, qui peut être traduit par « ennui, torpeur, paresse, découragement »).

Dans la *tristesse*, le sujet s'apitoie sur lui-même et sur ses propres problèmes. Plus rien ni personne ne semble pouvoir le consoler. La tristesse met tellement d'amertume dans le cœur qu'elle l'empêche de se concentrer sur quoi que ce soit d'autre que sur la cause de son malheur ou de sa perte (une déception amoureuse, par exemple). Elle envahit tellement l'esprit qu'elle chasse tous les plaisirs éprouvés, ne laissant place à aucune consolation. Elle peut déboucher sur la mélancolie, la dépression nerveuse, voire le suicide. Voici quelques pensées qui engendrent la tristesse : *Dieu m'a abandonné, je suis au pouvoir des démons ; je ne m'en sortirai jamais, il n'y a aucune solution ; personne ne peut m'aider ; je ne parviens plus à réfléchir ; je suis obsédé par*

1. J.-Y. Leloup, *Écrits sur l'hésychasme*, *op. cit.*, p. 56-57.

des projets de suicide ; je n'ai plus le courage de lutter ; je n'ai de l'importance pour personne ; tu ne peux pas comprendre ce que je vis. Si la tristesse ainsi décrite relève davantage, aujourd'hui, de la psychiatrie que de la morale, Évagre a quand même mis le doigt sur son « démon[1] », sa partie viciée. Elle résulte aussi d'une attente trop grande vis-à-vis de son entourage, de soi-même, de ses entreprises et de ses désirs. L'individu, humilié et frustré devant son échec, se réfugie dans la tristesse pour forcer l'attention des autres et chercher à se faire materner. Il n'y a plus que son petit moi blessé qui existe et tout le monde doit s'en apitoyer. Installé dans sa mélancolie, il ne cherche plus à s'en sortir, puisqu'il s'imagine que tout lui est dû. Pour Isaac le Syrien, un autre Père du désert (+vers 700), une des causes de la tristesse réside dans l'attachement aux choses de ce monde et le besoin continuel d'être reconnu. La perte ou le manque verse dans l'âme le fiel de l'amertume.

La *colère* viciée injecte dans nos pensées ressentiment, haine, vengeance, violence vis-à-vis d'une autre personne. En s'adressant au moine qui a tout quitté pour le Christ, Évagre compare la colère à un chien (méchant) de garde bien dressé, posté devant la porte de sa maison pour défendre son bien qui n'est rien d'autre, en vérité, que son propre ego, l'amour inconsidéré de lui-même. Alors, si tu t'es détaché de la richesse, des nourritures abondantes, de la gloire et des plaisirs, interroge le Père du désert, pourquoi élever ce chien de garde ? Si l'animal se jette contre les gens lorsqu'ils s'approchent de toi, il est évident que tu as trop de biens à défendre et que tu n'as pas tout donné ! Les pensées de la colère se manifestent par de longs monologues intérieurs dans lesquels le sujet repasse continuellement la

---

1. Les anciens moines nommaient « démons » ce que nous appelons « passions » à cause de leur emprise contraignante sur la liberté humaine. Comme les démons, les passions divisent l'homme en lui-même.

scène blessante. Il rage contre la personne qui, selon lui, a été blessante. Il prépare sa revanche, répète ce qu'il va lui dire, etc. Ces pensées ont pour effet de dramatiser et surtout de dénaturer l'événement.

L'*acédie* est une sorte d'ennui, de ras-le-bol, de lassitude ou de dégoût à la suite d'un long engagement de vie. Une envie de tout arrêter. Une crise de maturité, qui éclate après des années d'engagement, de don de soi et de fidélité dans la vie consacrée, religieuse, dans le mariage ou dans tout autre engagement à long terme. Évagre appelle cela « le démon de midi » qui fait irruption, en général, vers la quarantaine. Madeleine Delbrêl nous en brosse le tableau :

> « Ce que tu avais choisi pour devenir un bon chrétien te fait détester la vie chrétienne. [...] Or, il a été expérimentalement constaté que ces mêmes mots sont dits, criés, soupirés, pleurés, par les femmes devant leur mari après dix ans de mariage ; les maris devant leur femme en fêtant leur dixième anniversaire de mariage ; les médecins après dix ans de médecine ; les militants après dix ans d'engagement ; les missionnaires après dix ans d'apostolat ; tout chrétien au bout de dix ans de vie chrétienne. À noter que certaines variations s'observent quant à la date de cette épreuve. Selon les cas, dix ans peuvent être sept ou treize. Mais, quel que soit le nombre d'années, l'impression de durée est la même chez tous les patients [1]. »

Les autres vices plongent leurs racines en profondeur, dans notre vie spirituelle : la vaine gloire (*kenodoxia*, terme utilisé par Évagre, littéralement « une gloire vide, sans consistance, à l'image d'un beau ballon mais vide à l'intérieur ») et l'orgueil (*uperèphania*, « hauteur démesurée, à l'opposé de l'humilité »).

La *vaine gloire* s'insinue chez la personne par le besoin absolu et morbide de reconnaissance, qui a comme cause

---

1. « Madeleine, un jour de cafard », dans M. Delbrêl, *Alcide, Guide simple pour simples chrétiens*, coll. « Livre de vie », n° 133, Seuil, Paris, 1968, p. 57-58.

tous les manques et les frustrations du passé infantile. Un sentiment continuel d'insécurité habite le vaniteux, éprouvant sans cesse le besoin pulsionnel de parler de lui et de vanter ses exploits, qui lui donnent une illusion d'importance. On dira de lui qu'il souffre d'une susceptibilité quasi maladive, car il a toujours l'impression que les autres parlent de lui et le dénigrent. Une simple remarque le met hors de lui, tandis qu'un sourire d'approbation le lance dans une joie exubérante. Selon Évagre, ce genre de pensées fait croire au moine qu'il a atteint de hauts sommets de la vie spirituelle et que les autres doivent s'en apercevoir, d'où son intolérance à la moindre critique. Simple religieux, il visera le statut sacerdotal, considéré comme le plus grand des honneurs. Le vaniteux se dit : « Tu fais bien ton devoir, un jour les autres te suivront ; tu es bientôt prêt pour témoigner, enseigner ; ceux qui t'écouteront seront émerveillés, ils se convertiront ; personne n'est à même de t'égaler. » Il ne supporte pas qu'on énumère les qualités de son collègue de travail ou des personnes qu'il côtoie tous les jours. Il ressent cela comme un affront.

L'*orgueilleux* est celui qui s'appuie sur ses propres forces pour prouver aux autres et à Dieu que sa vie est irréprochable. Les pensées d'orgueil entretiennent le mépris (haine, ressentiment, jugement) des autres, lorsque ceux-ci ne correspondent pas aux besoins de l'orgueilleux ou à ce qu'il attend d'eux. Dans son monologue intérieur, il cherche comment dominer les autres et les soumettre. Si la vaine gloire pousse l'individu à vouloir être approuvé par les hommes, l'orgueil le conduit à s'enfermer dans son autosatisfaction, à se prendre pour la cause première de lui-même, et à penser qu'il est lui seul l'auteur de ses progrès ou de ses vertus, selon Évagre.

En réalité, les causes des « huit vices » décrits par Évagre se situent autant dans les blessures affectives résultant des frustrations infantiles que dans le vice ou le péché volontaire. En analysant les « pensées », nous devons tenir compte de ces deux origines, psychologique et morale, si nous souhaitons aider l'homme d'aujourd'hui à recouvrer sa santé psychique et spirituelle. Son malaise ne peut se réduire qu'à des frustrations subies dans le passé, sans aucune implication volontaire de sa part. Lui-même est aussi, en partie, l'acteur responsable de ses propres déséquilibres. Le sachant, les moyens mis à sa disposition pour guérir ne seront que plus efficaces.

Les pensées « angoissées »

À l'inverse de la démarche d'Évagre, plutôt que de parler des vices, nous voulons maintenant examiner les pensées perturbées sous l'angle de « l'angoisse », mieux connue de nos contemporains et largement mise en lumière par la psychanalyse.

L'angoisse, du grec « serrer, resserrer, étouffer », est une réaction émotive (passionnelle) forte devant un danger. Elle intervient comme un signal d'alarme qui détecte une agression consciente ou inconsciente. *Il est déjà très tard et il n'est pas encore rentré, il lui est certainement arrivé quelque chose !*, voici l'exemple classique d'une pensée angoissée, à la limite de la panique. *Je m'affole pour un rien, tout me fait peur, m'angoisse, j'ai toujours été comme ça.* Cette autre pensée relève tout simplement d'un tempérament anxieux, sans raison apparente.

Proche de l'acédie et de la tristesse, l'angoisse s'en distingue toutefois par son apparition brutale et ses symptômes caractéristiques : palpitations cardiaques, jambes coupées, nœud à la gorge jusqu'à l'impression d'étouffement, vertiges, crampes à l'estomac, maux de tête, troubles du sommeil, etc. Psychologiquement, l'angoissé ne parvient plus à se concentrer, il reste bloqué sur l'idée qui le tourmente. Il se replie sur lui-même, n'entendant plus personne. Plus il cherche à se maîtriser, à se dépasser, et plus augmentent sa tension interne, ses crispations musculaires, jusqu'à l'éclat nerveux ou la dépression. Comme la tristesse, l'angoisse envahit tout le champ de la conscience, bloquant et inhibant les autres affects (plaisir, désir, amour).

Nous vivons tous des moments d'angoisse, du moins passagers, et le plus souvent contrôlables. Les écarter de nos vies demeure chose absolument impossible.

Les causes de l'angoisse sont multiples, ainsi que les pensées qu'elles génèrent. En voici quelques-unes énumérées sommairement :

– L'angoisse de culpabilité saisit celui qui s'est rendu coupable d'une faute commise. Sa mauvaise conscience ne lui laisse aucun repos jusqu'à ce qu'il ait pu réparer sa faute ou en demander pardon. Ses pensées tentent de minimiser la faute ou, au contraire, la dramatisent : *Je ne vaux plus rien du tout, je ne fais que du mal, je ne suis capable d'aucun bien, tout ce qui arrive est de ma faute... Finalement, ce n'est pas si grave que cela, ce n'est pas vraiment de ma faute, ils n'avaient qu'à me prévenir, ne pas être là*, etc. Dans ce cas de figure, une juste vision des choses, qui tienne compte à la fois de la réalité du péché et de la responsabilité personnelle, et s'ouvrant sur le pardon de Dieu, réussit à briser le cercle vicieux des pensées. La force du pardon apaise l'angoisse, engage le sujet à réparer sa faute et à lutter contre les occasions d'y retomber.

– L'angoisse du jugement divin, lorsque Dieu est perçu comme le juge impitoyable, et de la religion, des préceptes moraux stricts à observer pour être sauvé. Les pensées entretiennent la peur de Dieu : *Je ne serai pas sauvé, j'irai en enfer... « Malheur à moi, je suis perdu car je suis un homme aux lèvres impures »*, se disait Isaïe (Is 6, 5). Ou, au contraire, l'homme s'éloigne de Dieu en cherchant à le nier, par crainte du châtiment : *Dieu, de toute façon, n'existe pas ; je ne fais rien de mal, voilà ma religion ; je préfère m'efforcer d'être bon avec les autres plutôt que de prier ou d'aller à l'église.*

– L'angoisse liée au sentiment de culpabilité, mais sans qu'il y ait de faute réelle. Cette forme d'angoisse émane à nouveau de blessures infantiles provoquées par une éducation rigide ou par un manque d'attention des parents, par exemple. Le sujet est poursuivi par le sentiment de n'être aimé de personne et que tout ce qui arrive est de sa faute. Il n'a aucune confiance en lui-même et ne s'aime pas. Dans son monologue intérieur, il analyse toutes les conversations pour chercher « la petite bête », c'est-à-dire les mots qui étaient dirigés contre lui, les attitudes de rejet, de jugement ou de moquerie à son égard. Son ressentiment et sa rancœur l'oppressent et le persécutent continuellement.

– L'angoisse de l'orgueilleux et de l'égoïste qui ont toujours peur de ne pas être reconnus, considérés, etc. Nous retrouvons ici les propos d'Évagre.

– L'angoisse devant un danger ou une menace connus. Elle tombe avec la disparition de l'objet.

– L'angoisse de la perte et du manque à la suite d'un deuil, d'une rupture amoureuse. L'image de la personne absente dans la conscience torture les pensées : *Sans elle, tu ne pourras plus vivre, tu ne t'en sortiras jamais ; es-tu sûr d'avoir fait tout ce que tu devais pour elle ? Ne l'as-tu pas parfois négligée ?* Ou, au contraire, son souvenir chasse l'angoisse et calme les pensées : *Elle est toujours avec moi, je dialogue avec elle, elle m'aide, m'inspire et me montre ce que je dois faire.*

– L'angoisse de type existentiel, une sorte de tristesse, de perte du goût de la vie (proche de l'acédie) chez des sujets pour qui la vie n'a ni sens ni but. Lorsque les rêves et les grands projets ont été atteints et que l'exaltation a fait place à la monotonie, alors la vie ne vaut plus la peine d'être vécue. « L'angoisse est l'expression de la perte du sens de l'homme, commente le Dr Masquin. En oubliant Dieu, en perdant le sens du divin, nous avons perdu notre finalité : être aimé et aimer en retour[1]. »

En fin de compte, l'analyse des « pensées », quelle que soit la manière de l'envisager, sous l'angle de la morale ou de la psychologie, nous conduit au même constat : l'homme est un être blessé et pécheur. L'homme d'hier comme celui d'aujourd'hui a besoin de Dieu pour s'en sortir.

Le combat : la garde du cœur

Dans la solitude des déserts, loin des dangers du monde, les anciens moines sont plongés dans une lutte plus intérieure qu'extérieure, qui se situe surtout au niveau des pensées. Ces chercheurs de Dieu ont découvert un remède contre les suggestions mauvaises : *la garde ou la vigilance du cœur.* Leur persévérance a forgé une arme de pointe : *la prière continuelle ou la prière du cœur.* La vigilance agit comme un gardien posté sur le seuil de la conscience, qui filtre les pensées et barre la route à celles qui nous sont néfastes. Elle est un art de l'attention et du discernement qui surveille étroitement l'imagination. Cet art ne s'acquiert qu'à travers une longue expérience de la vie spirituelle. Seul Dieu est à même de soutenir ce gardien en lui envoyant les lumières du ciel, car *« celui qui met sa confiance en lui-même et non en Dieu tombera d'une chute vertigineuse »* (Jb 18, 12). L'arme du gardien, c'est la prière du cœur ou prière continuelle. Lorsqu'une pensée discernée comme dangereuse se présente à la porte de la conscience, l'intelligence lui en oppose une autre, plus forte, l'empêchant ainsi de pénétrer dans le sanctuaire intime : *l'invocation du Nom de Jésus*[2], qui doit tendre à devenir continuelle dans la vie du moine.

---

1. Dr L. Masquin, *Vivre l'angoisse autrement*, éd. des Béatitudes, Nouan-le-Fuzelier, 2006, p. 90.

2. Au chapitre suivant, nous aborderons la *prière de Jésus* ou *prière du cœur* dans les détails.

« La vigilance est la concentration pénétrante d'une pensée en faction à la porte du cœur. Une telle pensée observe les pensées perfides qui viennent, elle écoute ce qu'elles disent, elle regarde ce que font ces meurtrières... Elle est une ferme continuité de l'attention dans la raison de l'homme qui s'efforce d'obstruer la source des pensées et des actions mauvaises[1]. »

L'invocation du Nom de Jésus facilite la garde du cœur. Avant qu'une suggestion démoniaque ne tourne à l'obsession, la vigilance l'écrase contre le roc du saint Nom. Celui qui veut purifier son cœur doit continuellement invoquer le Seigneur Jésus contre ses ennemis spirituels, car en dehors de lui, *« nous ne pouvons rien faire »* (Jn 15, 5). C'est pourquoi, selon le conseil de l'Apôtre, il nous faut *« prier sans cesse »* (2 Th 5, 17) et *« marcher sous l'impulsion de l'Esprit pour ne plus accomplir ce que la chair désire »* (Ga 5, 16).

« La vigilance et la prière de Jésus se fondent naturellement l'une l'autre. L'attention extrême fonde la prière continuelle[2]. » Avec le temps et un long entraînement au combat spirituel, l'intelligence s'affine, elle repère facilement les mauvaises pensées. Puis la volonté intervient, jetant au milieu d'elles l'invocation du Nom de Jésus. Les suggestions s'évanouissent aussitôt. « Celui qui, par la prière continuelle, presse le Seigneur Jésus sur son cœur, ne peinera pas en le suivant[3]. »

Dans la faiblesse, nous expérimentons ainsi la présence et l'action du Seigneur. La *prière de Jésus* place le Christ en plein milieu de notre être d'homme.

« C'est une sorte de souvenir constant et purifiant du Seigneur Jésus, d'où l'attitude de saint Alphonse Rodriguez, le portier de Majorque : "Quand j'éprouve une amertume en moi, je mets cette amertume entre Dieu et moi et je le prie jusqu'à ce qu'il la transforme en douceur." Il s'agit de faire accéder

1. *Philocalie, op. cit.*, p. 17-18.
2. *Ibid.*, p. 44.
3. *Ibid.*, p. 62.

cette amertume à la conscience claire et de la placer devant le Seigneur afin qu'il transforme l'obstacle en moyen[1]. »

Il ne nous est pas demandé de nier la passion ni de la retrancher de notre sensibilité, mais d'en distiller l'énergie et de la récupérer au service du bien.

Dans son traité pratique, Évagre le Pontique nous a laissé des conseils très utiles contre les pensées néfastes :

Concernant les pensées de l'aube et de la nuit :

Un moment particulièrement sensible à l'invasion des pensées obsédantes se situe à l'aube, entre l'état de veille et de sommeil, qu'on appelle la somnolence. Si l'esprit n'est pas vigilant à ce moment-là, il peut s'enflammer de pensées impures (colère, tristesse, sexe) et entrer en dialogue avec elles. Le cinéma intérieur se met alors en route…

Au réveil, la mémoire faisant son compte-rendu détaillé, le trouble de l'âme est assuré ! Le Pontique propose ici toute une pédagogie : dans un premier temps, il ne faut pas vouloir chasser ce genre de « démons », dans le but de les identifier, de cerner la nature de ces pensées, leur contenu exact (colère, fornication, etc.) pour connaître ce qu'elles révèlent de nos conflits intérieurs, de ces forces irrationnelles qui montent de l'inconscient. Cet exercice se fera, bien sûr, en état de veille, la tête reposée et en pleine conscience. Une sorte de psychanalyse avant l'heure ! Les ayant ainsi dénoncées, nommées et surprises en flagrant délit, sachant quand et comment elles agissent, il sera alors facile de les piéger et de les briser contre une parole de l'Écriture. Il faut donc travailler sur les rêves, en faisant la liste des images et des scènes qui reviennent le plus souvent, pour en saisir les racines dans notre vie passée. Au moment

1. J. Lafrance, *La prière du cœur*, Abbaye Ste-Scholastique, Dourgne, 1978, p. 66.

de s'endormir, surtout, le moine enfermera dans la prière continuelle ces pensées qui reviennent souvent, avec leurs racines ou leurs causes, pour que le Seigneur vienne purifier la mémoire durant le sommeil et la protéger de l'arrivée d'autres « démons ».

Il semble que, selon Évagre, les démons des pensées agissent avec plus de force la nuit, pendant le sommeil et le demi-sommeil. Des nuits troublées préparent des journées tourmentées par les passions. Le moine accueillera ainsi plus facilement les pensées qui vont l'assaillir, d'où l'importance d'une garde accrue du cœur, par la prière continuelle, le chant des psaumes, le don désintéressé de soi et l'ouverture aux autres. Cependant, le moine ne doit pas paniquer lorsque ses rêves ont subi l'assaut des pensées, car ce serait leur donner de l'importance. Après les avoir identifiées, il doit simplement s'en détourner paisiblement pour vaquer à ses occupations. Il est aussi conseillé, non seulement d'analyser les pensées, mais de chercher les occasions qui les génèrent ou les alimentent, afin de les éviter. Par exemple, lorsque nous avons pris l'habitude de dire du mal de tel frère avec un autre frère, nous polluons l'esprit de pensées de rancœur et de jugement. Au moment de l'oraison, du demi-sommeil et des rêves, celles-ci seront attisées comme le bois jeté dans le feu de cheminée.

La complaisance dans les pensées :

Ce qui pourrait arriver de grave, c'est que le sujet finisse par se complaire dans ces représentations mentales diurnes et nocturnes. Il trouve du plaisir à les laisser voyager dans ses pensées, vivant mentalement les scènes qui se présentent à lui, commettant péché sur péché, disant qu'il n'y a pas de mal à se faire du bien. Il glisse peu à peu vers l'aveuglement ou l'endurcissement du cœur, alimenté par la vaine gloire, se suffisant à lui-même. S'il prend conscience de son état, il doit absolument se réveiller et revenir à Dieu ! De l'habitude prise à se rouler mentalement dans les voluptés de la chair, comme la truie dans sa boue, jusqu'à rechercher un ou une partenaire dans la réalité, il n'y a qu'un pas. Si le moine, qui a peu à peu appris la liberté intérieure par rapport aux passions, se met à relâcher sa vigilance un tant soit peu, « l'esprit de prostitution » revient en force par cette faille, introduisant dans le mental toutes sortes de nouvelles pensées et scènes impures. Mais cette épreuve n'a pas de raison d'être si le moine demeure constant et fidèle dans l'oraison et la pratique des vertus. Il en est de même des pensées de colère, par exemple, qui, entretenues, enflamment l'esprit, devenant un « tison fumant » (Is 7, 4), prêt à être lancé sur le premier venu, à la moindre étincelle !

Le bon pasteur :

L'esprit est le bon pasteur de toutes les pensées et représentations venant du monde extérieur. Il doit chasser les loups (mauvaises pensées) et faire preuve de tendresse pour les brebis (bonnes pensées). Le Seigneur lui a donné un bon pâturage, sa Loi, pour mener tranquillement les brebis et les nourrir, ainsi qu'une harpe pour les pacifier, le chant des psaumes. Lorsque, mentalement, un frère est capturé par une bête sauvage (ressentiment, jugement), le pasteur doit hâtivement la chasser à l'aide de sa houlette.

S'il est important de dialoguer avec certaines pensées afin d'en connaître la cause et de les maîtriser plus facilement, pour d'autres, cependant, mieux vaut les écarter immédiatement. Je fais allusion aux suggestions devenant obsédantes dès qu'on y prête attention, allumant le feu de la pulsion charnelle, par exemple, ou des souvenirs qui, à force de tourner et retourner dans nos pensées, distillent haine, jalousie, agressivité. En définitive, tout est question de discernement et de volonté.

Isaac le Syrien (+ vers 700) remarque que la prière et l'état de demi-sommeil sont aussi le témoin de pensées apaisées, calmes et joyeuses, fruit de nos progrès spirituels et du travail de la grâce sur les passions :

> « Trouves-tu que ta pensée a commencé à se purifier ? La distraction demeure-t-elle dans ton intelligence à l'heure de la prière ? Et quelle passion vient troubler l'intelligence quand tu abordes la prière ? Sens-tu en toi-même que la puissance de *l'hesychia* a couvert de son ombre ton âme en la comblant de la douceur, de la sérénité, de la paix qu'elle a coutume d'engendrer dans l'intelligence ? [...] Es-tu soudain enflammé par la joie qui fait se taire la langue ? [...] Il arrive par moment que délices et réjouissances pénètrent tout le corps. [...] Ces délices nous viennent surtout la nuit, et de cette manière : quand nous sommes entre le sommeil et l'état de veille, quand nous dormons sans dormir et sommes éveillés sans l'être vraiment. Palpitant dans tout son corps, ces délices pénètrent l'homme. Il apparaît alors à un tel homme que ce n'est là rien d'autre que le Royaume des cieux [1]. »

À des siècles de distance, Silouane (+ 1938) s'adresse aux moines du mont Athos :

> « Souviens-toi de deux pensées et crains-les. L'une te dit : "Tu es un saint", l'autre : "Tu ne seras pas sauvé." Ces deux pensées viennent de l'Ennemi et il n'y a point de vérité en elles. Mais toi, pense : "Je suis un grand pécheur, mais le Seigneur est miséricordieux, Il aime les hommes et me pardonnera mes péchés." [...] Avec les mauvaises pensées, c'est l'Ennemi qui pénètre en nous ; l'âme s'assombrit et les mauvaises pensées la tourmentent. [...] L'âme qui a connu le Seigneur apprend, par une longue expérience, que si l'homme vit selon les commandements, il ressent la grâce en lui – ne serait-ce que faiblement – et prie avec confiance ; mais s'il pèche par une seule pensée et ne se repent pas, la grâce se retire, et alors l'âme languit et pleure devant Dieu. Ainsi l'âme passe toute sa vie dans une lutte contre les pensées.

---

1. Isaac le Syrien, *Œuvres spirituelles*, Desclée de Brouwer, Paris, 1981, p. 98.

Mais toi, ne faiblis pas dans cette lutte, car le Seigneur aime le combattant courageux[1]. »

Conseils pratiques selon l'enseignement des Pères

A) Discerner les pensées

À la lumière de l'Esprit Saint, « le discernement des esprits est le passage au crible des expériences intérieures en vue de vérifier leur origine et leur provenance. Il s'agit de filtrer les mouvements intérieurs que l'on éprouve pour reconnaître d'où viennent les différentes inspirations[2]. »

Le mot *discernement* vient du grec *diakrinein, diakrisis*, qui se traduit par « bien juger, bien choisir ».

En découpant le mot, nous avons *dia*, « passer à travers », et *krinein*, « juger », qui peut se comprendre par : juger en passant (les pensées) à travers le crible du Saint-Esprit.

Les Pères du désert se sont surtout intéressés au discernement des pensées, des motions volontaires, des suggestions qui tourmentent le moine au désert. La tradition monastique a traduit *diakrisis* par « discrétion ».

Comment discerner les bons des mauvais esprits ?

Les Pères nous montrent comment de mauvais esprits peuvent nous inspirer des comportements complètement faussés et contradictoires, conséquence de l'orgueil qui cherche à se hisser jusqu'à Dieu, comme la pratique de jeûnes excessifs, de sacrifices inutiles, où l'homme ne cherche que sa propre gloire. Il en va de même pour certaines actions vertueuses et charitables, avec le but

---

1. Archimandrite Sophrony, *Starets Silouane, Moine du mont Athos – Vie, doctrine, écrits*, éd. Présence, Saint-Vincent-sur-Jabron, 1989, p. 398-399.

2. B. Georges, *Faire les bons choix au bon moment*, Nouan-le-Fuzelier, 2007, p. 67.

inavoué d'être vu, reconnu, loué. La discrétion est une qualité de l'homme calme, équilibré, qui a choisi la voie du juste milieu entre les extrêmes, conscient et éclairé sur lui-même. Là où il y a ostentation, exaltation et mépris des autres, l'Esprit Saint s'est retiré. Tandis que là où règnent paix et tranquillité, humilité et liberté de cœur, l'Esprit agit de tout son souffle.

Pour Jean Cassien, il est important de discerner d'où viennent les pensées qui naissent en nous et de quelle nature elles sont. Il y a trois sortes de pensées :

– celles qui viennent de Dieu, touches lumineuses en nous qui nous font pénétrer les mystères du ciel pour nous instruire, nous faire progresser et nous corriger ;

– celles qui naissent du diable, habillées de lumière, mais viciées au-dedans, pour nous séduire et nous faire chuter ;

– celles qui viennent de nous par le jeu de nos facultés.

Toutes ces pensées, il faut les passer par le crible d'un sage discernement pour en connaître l'auteur, afin de les accueillir ou non.

Comment acquérir la discrétion ? demandent les jeunes moines à leur Ancien, Cassien[1].

D'abord en la demandant humblement, et avec persévérance, au Seigneur puisque, selon l'Apôtre, elle est un don :

> « *L'Esprit donne un message de sagesse à l'un et de science à l'autre ; à un autre, le même Esprit donne la foi, à un autre encore, le seul et même Esprit accorde des dons de guérison ; à un autre le pouvoir de faire des miracles, à un autre la prophétie, à un autre le* discernement des esprits. » (1 Co 12, 8-10)

Si le moine obtient ce don, il sera capable de discerner les pensées qui franchissent le seuil de sa conscience.

---

1. Voir *Les Collations* de Jean Cassien, textes choisis et présentés par J.-Y. Leloup, coll. « spiritualités chrétiennes », Albin Michel, Paris, 1992, p. 82-93.

Ensuite, la discrétion ne s'acquiert qu'au prix d'une vraie humilité.

L'humilité conduira le moine à s'ouvrir à un homme mûr et expérimenté, un guide spirituel, pour lui exposer les pensées qui le troublent, car il est une vérité : « Une mauvaise pensée produite au jour perd aussitôt son venin. » Mise à la lumière, la pensée ténébreuse a déjà perdu sa force de persuasion car « les suggestions pernicieuses n'ont sur nous d'empire qu'autant qu'elles demeurent cachées au fond du cœur ». Celui qui, par manque d'humilité, par peur ou par honte, préfère ne se confier qu'à lui-même et taire ses pensées, se met hors d'atteinte d'en obtenir le remède[1].

> « En revanche, il n'est point de vice par où le démon ait plus de facilité à précipiter le moine et le conduise plus vite à sa perte que le dédain de leurs conseils (des Anciens) et la confiance en son propre jugement ou en ses vues personnelles... Car, que l'on y songe ! Ce ne sont pas des ennemis visibles que l'on rencontre là, mais invisibles, et des ennemis sans pitié. C'est un combat du jour et de la nuit, un combat spirituel, et non certes contre un seul ennemi ou deux, mais contre des légions innombrables, un combat, enfin, dont la chance est d'autant plus redoutable que l'adversaire est plus acharné, et plus secrète l'attaque[2]. »

Pour Évagre :

> « Le discernement consiste d'abord à reconnaître les pensées qui sont suggérées par les démons et à les distinguer de celles qui peuvent être inspirées par les anges. Les premières pensées, celles qui sont inspirées par les anges, sont suivies d'un état paisible, les secondes, celles inspirées par les démons, d'un état troublé[3]. »

---

1. Même si nous ne sommes pas des moines, le conseil de s'ouvrir à un père spirituel s'adresse à tout chrétien qui désire progresser dans la vie spirituelle.

2. *Ibid.*, p. 89-90.

3. A. GUILLAMONT, *Un philosophe du désert : Évagre le Pontique*,

Enfin, pour s'exercer le plus sciemment possible, le discernement doit se doter de solides connaissances de la spiritualité et de la psychologie humaine. Elles aideront à mieux cerner les causes à la fois affectives et spirituelles de nos conflits personnels. C'est sur ce terrain que se rencontrent « le moine et le psychiatre[1] ». Lorsque nous évoquons le thème de l'angoisse, par exemple, la psychologie se borne à en décrire les symptômes, la présentant comme une perturbation des affects, y décelant des causes éventuelles dans un passé lointain, etc.

> « Au niveau spirituel, l'angoisse signe le combat pour une nouvelle naissance, le renoncement à sa volonté propre, les morts volontaires à soi-même. L'angoisse vient révéler les zones de résistances, les blocages intérieurs, et les Pères de l'Église la considéraient comme une épreuve nécessaire, un signe positif de maturation intérieure, et s'inquiétaient plutôt de son absence. L'angoisse est un passage obligé dans le combat spirituel, pour grandir dans la confiance et dans l'amour[2]. »

Pour sainte Thérèse de Lisieux, s'abandonner à l'amour de Dieu, c'était se livrer à toutes sortes d'angoisses. L'emprise de Dieu sur une âme est un feu dévorant qui vient brûler toutes ses scories et ses résistances. L'âme alors s'inquiète et panique. L'angoisse signale le travail positif de la grâce qui purifie l'intérieur de l'homme. Elle est un appel à la confiance, une école d'abandon. Elle évoque la « porte étroite » de l'Évangile :

> *« Entrez par la porte étroite. Large est la porte et spacieux le chemin qui mène à la perdition, et nombreux ceux qui s'y engagent ; combien étroite est la porte et resserré le chemin qui mène à la vie, et peu nombreux ceux qui le trouvent. »* (Mt 7, 13-14)

Paris 2004, p. 244.

1. Lire à ce sujet l'excellent livre du père Amédée et Dominique Megglé, *Le moine et le psychiatre, Entretiens sur le bonheur*, Bayard Éditions/Centurion, Paris, 1995.

2. L. Masquin, *op. cit.*, p. 91-92.

Dans le grec biblique, *angoisse* se dit « endroit resserré », identique à « porte étroite ». L'angoisse trace le passage obligé vers la vie[1].

B) La prière

La prière nous lie à Dieu qui est notre vrai médecin. Il connaît nos blessures et peut donc nous guérir. Selon les Anciens, en pensant à Dieu et aux choses divines, par la méditation de sa Parole, l'homme se remplit naturellement de Dieu et, donc, de bonnes pensées. Il peut ainsi se défendre des pensées mauvaises.

Voici le conseil donné par abba Jean :

> « Je ressemble à un homme assis sous un grand arbre, qui voit venir vers lui beaucoup de bêtes sauvages et de reptiles. Quand il ne peut plus résister, il grimpe et se réfugie dans l'arbre. Pour moi, c'est la même chose. Dès que je m'assieds dans ma cellule, des pensées mauvaises m'assaillent. Quand je ne parviens plus à me battre contre elles, je me réfugie en Dieu par la prière et me sauve de l'ennemi[2]. »

La prière continuelle, qui est notre refuge en Dieu, agit à la manière d'une thérapie ou d'une médecine.

> « La prière incessante améliore rapidement l'esprit [...]. Elle protège de la tristesse et du découragement. [...] Le chant des psaumes calme les passions et enlève l'inquiétude. Elle produit douceur et bonté. Elle génère joie et action de grâce[3]. »

En agissant sur les pensées, pointe de l'iceberg de nos comportements déviés, son efficacité descend petit à petit

1. Au sujet de l'angoisse d'origine spirituelle, voir Fr. EPHRAÏM et Dr MARDON-ROBINSON, *Le chemin des nuages ou la folie de Dieu, De l'angoisse à la sainteté*, éd. du Lion de Juda, Nouan-le-Fuzelier, 1988.

2. Traduction de l'italien, cité par A. GRÜN, *Preghiera et conoscenza di sé*, Paoline, Milano, 2007, p. 68.

3. *Ibid.* p. 81.

dans les profondeurs de notre inconscient, pour en arracher les mauvaises racines et y répandre un baume apaisant.

C) Le combat spirituel, l'ascèse

Une autre arme de pointe, qui va de pair avec la prière continuelle pour assurer la « garde du cœur » et chasser les pensées perverses, c'est *l'ascèse*, du grec « exercice ». Chez les Pères du désert, l'ascèse désigne précisément l'entraînement au combat spirituel, c'est-à-dire tous les efforts que le croyant doit mettre en œuvre pour lutter contre tout ce qui le détourne de Dieu, en l'occurrence les passions viciées et déréglées, pour retourner leur puissante énergie vers Dieu. Une discipline à la fois du corps et de l'esprit.

Prière et ascèse collaborent ensemble pour veiller aux pensées déréglées qui viennent troubler la paix du cœur, fruit de cette union d'amour et de confiance entre l'âme et Dieu. La prière filtre, discerne et détecte les pensées du cœur de manière surnaturelle, tandis que l'ascèse se situe plutôt du côté de la volonté qui passe à l'action. Le tout premier principe ascétique, en effet, consiste à se garder ou à éviter les occasions qui contaminent les pensées, comme, par exemple, regarder des images impures, s'abreuver de boissons alcoolisées ou s'empiffrer de nourriture, participer à des discussions malsaines qui éveillent colère, haine, médisances. Nous retiendrons quelques conseils ascétiques hérités d'Évagre, d'Isaac le Syrien et de Silouane pour lutter efficacement contre ces occasions dangereuses.

Pour ce qui est de la *gourmandise* et de la *luxure*, Isaac nous avertit que les plaisirs du ventre allument les passions charnelles. Il y a entre les deux un lien de cause à effet.

> « Si nous nous attachons aux choses sensibles, dit-il, comme l'excès de nourritures et de boissons, la fréquentation et la vue des femmes, les conversations à leur sujet, qui allument et font jaillir dans le corps la flamme de la convoitise, nous

changeons, sous le débordement des humeurs et la diversité des visions, la douceur naturelle en sauvagerie[1]. »

Il est bien clair que l'ancien s'adresse à des moines. Néanmoins, ce conseil, nous pouvons le faire nôtre, par exemple, en l'associant à ces repas festifs « bien arrosés » qui dégénèrent, la plupart du temps, en plaisanteries bien « au-dessous de la ceinture ». Rien de mieux pour exciter les pulsions sexuelles qui, longtemps après, tourmentent les pensées. Tout est question de mesure et, parfois, de renoncement, afin de ne pas se laisser entraîner au mal, malgré soi. Chacun doit connaître ses limites. Il est aussi bon de savoir que certaines nourritures et boissons excitent le désir, comme le coca-cola, le café, le chocolat, l'alcool, etc.

À notre époque dominée par la vitesse et le *fast-food*, il faudrait réapprendre l'art de manger. Se nourrir est aussi un acte social qui permet au groupe, à la famille de se rencontrer, de partager et de nouer des liens. Le repas est également l'occasion de remercier Dieu, évitant ainsi la tentation de nous prendre pour les maîtres de la création et de faire de notre ventre un dieu ! Rendre grâce à Dieu, c'est aussi sortir de cet esprit de consommation qui ne respecte plus rien ni personne et s'octroie tous les droits sur les choses. Remercier crée une relation de communion qui reconnaît la présence de l'autre, de cet Autre qui est Dieu : *« Que vous mangiez, que vous buviez, quoique vous fassiez, faites tout pour la gloire de Dieu. »* (1 Co 10, 31) Le jeûne fait partie intégrante de cette discipline lorsque nous ne parvenons plus à nous maîtriser. La pratique du jeûne nous libère de l'esclavage de cette chair qui en réclame toujours plus, jusqu'à éteindre en nous tout souvenir de la présence de Dieu, selon Évagre.

L'occupation de l'esprit par le travail, les activités sportives et ludiques avec d'autres personnes, les promenades

1. ISAAC LE SYRIEN, *op. cit.*, p. 179.

dans la nature, procurent une saine fatigue et évacuent les pensées obsessionnelles. Cultiver de saines amitiés comble le cœur et place l'esprit au-dessus des sollicitations de la chair. Car rien de plus terrible que l'isolement pour plonger l'esprit dans l'enfer des pulsions sexuelles.

Écoutons, enfin, l'enseignement de la *Philocalie* :

> « La lumière que l'Esprit divin allume dans l'âme s'en retire d'ordinaire devant la nonchalance, la négligence, l'excès des paroles et de nourriture. L'excès de nourriture, la mollesse de la vie, l'intempérance de la langue, l'imprudence des yeux, sont en effet de nature à chasser de l'âme la lumière et à nous rendre ténébreux. Dès que nous sommes emplis de ténèbres, [...] les pensées passionnées viennent rugir dans le cœur, désirant les aliments de la passion et cherchant à nous ravir le trésor que l'Esprit a déposé en nous[1]. »

La vigilance, la prudence et la prière gardent la lumière dans l'âme.

> « La tempérance, le jeûne, les combats spirituels arrêtent les convoitises du corps et les soulèvements de la chair. La lecture des Écritures divines couvre de fraîcheur les inflammations de l'âme et les enflures du cœur. La prière perpétuelle les atténue[2]... »

Quant à l'*avarice*, Évagre conseille de s'exercer au partage de son temps et de son avoir. L'avare doit absolument éviter d'entretenir des pensées d'attachement aux petites choses.

L'antidote à la *tristesse* consiste à mettre toute son attention à l'instant présent afin de se consacrer entièrement à son travail, sa lecture, à la personne que l'on rencontre, etc. Les idées noires viennent, bien souvent, du fait que l'on a trop de temps pour penser, imaginer et rêver aux événements du passé ou du futur.

---

1. *Philocalie des Pères neptiques*, Nicétas Sthétatos, fascicule n° 4, Abbaye de Bellefontaine, 1982, p. 86-87.
2. *Ibid.*, p. 98.

Reconnaître son tempérament nerveux, ou bien que l'on est *colérique*, est déjà un pas important sur le chemin de la connaissance de soi-même. Le deuxième pas serait de demander pardon aux personnes que l'on a injustement blessées. Travailler sur l'origine du ressentiment et de l'amertume qui accompagnent la colère s'avère aussi fort utile.

Il n'y a pas de remède miracle à l'*acédie* si ce n'est de persévérer dans ses choix premiers, écartant les envies de fuite et évitant de faire des choix importants « en eau trouble ». L'esprit ne doit pas entrer en discussion avec les suggestions qui lui font miroiter un avenir tout en rose loin de son état actuel. Isaac le Syrien signale que « l'acédie suit le surmenage et l'égarement suit l'acédie [1] ». L'égarement conduit à la recherche du confort et au délaissement du travail fait dans la persévérance et la peine. Le travail fortement diminué, la porte s'ouvre au plaisir des sens et à l'éveil des pulsions, à coup sûr ! De nos jours, la description de l'acédie fait penser à ces situations de « craquage » psychologique qu'on appelle *burn out*. L'activisme, l'hyperactivité, le stress, la course aux performances provoquent cette perte d'énergie, de motivation et d'estime de soi, ce ras-le-bol pathologique (apathie), ce désespoir. Une sorte d'acédie brutale qui va amener la personne à des changements de vie tout aussi brutaux.

La *vaine gloire* et l'*orgueil* sont des passions tellement tenaces et enracinées dans l'homme que seul Dieu peut en venir à bout au fur et à mesure que l'âme se remet entre ses mains. Selon les Pères, Dieu permet que l'homme traverse de grandes épreuves, en lui enlevant momentanément sa grâce, jusqu'à le laisser tomber dans des péchés humiliants. Il veut ainsi qu'il ouvre les yeux et l'implore, quêtant sa grâce.

---

1. ISAAC LE SYRIEN, *op. cit.*, p. 294.

« Le Seigneur laisse l'homme orgueilleux se débattre dans son impuissance jusqu'à ce qu'il s'humilie. Mais dès que l'âme est devenue humble, les ennemis sont vaincus et l'âme trouve un repos profond en Dieu. [...] Deux fois j'ai été dans une grande épreuve, soumis à une écrasante tentation. Une autre fois, à cause de mon orgueil, j'eus à endurer que la grâce du Saint-Esprit me quitte et que je me sente comme un animal dans un corps humain.[...] Je me mis à me repentir et la grâce revint[1]. »

Le remède revient donc à demander à Dieu l'humilité tout en acceptant les moyens qu'il aura choisis. Ceci dit, l'homme ne reste pas pour autant passif. Les moines l'encouragent à lutter contre les pensées de vanité et d'orgueil : jugement porté sur un frère, le fait de cultiver un sentiment de supériorité spirituelle et morale sur les autres. Il doit se tenir à l'écart des honneurs et des paroles flatteuses, refuser la médisance, etc.

Pour conclure, laissons encore la parole à Silouane :

« Notre combat se déroule chaque jour et à chaque heure. Lorsqu'on fait des reproches à son frère, si on le juge ou si on l'offense, on perd sa propre paix. Si tu cèdes à la vanité ou si tu t'élèves au-dessus de ton frère, tu perdras la grâce. S'il te vient une pensée impure et si tu ne la rejettes pas immédiatement, ton âme perdra l'amour de Dieu et l'assurance dans la prière. Si tu aimes le pouvoir et l'argent, tu ne connaîtras jamais l'amour de Dieu. Si tu accomplis ta volonté propre, tu es vaincu par l'Ennemi et l'abattement se glissera dans ton âme. Si tu hais ton frère, cela montre que tu t'es détaché de Dieu et qu'un mauvais esprit s'est emparé de toi. Mais si tu fais du bien à ton frère, alors tu trouveras la tranquillité de la conscience. Si tu retranches ta volonté propre, tu chasseras les ennemis et tu obtiendras la paix de l'âme. Si tu pardonnes à ton frère ses offenses et si tu aimes tes ennemis, alors tu recevras le pardon de tes péchés et le Seigneur te donnera de connaître l'amour du Saint-Esprit[2]. »

---

1. Archimandrite Sophrony, *op. cit.*, p. 394-395.
2. *Ibid.*, p. 383-384.

Chapitre 2

La prière de Jésus, prière continuelle

Prier sans cesse

L'auteur anonyme des *Récits d'un pèlerin russe*, édités en Russie au XVIIIe siècle, nous livre, en quelques mots, ce qu'est la *prière de Jésus*, issue du trésor de la tradition orthodoxe [1].

De manière simple, il raconte comment un maître spirituel initie un pèlerin assoiffé de Dieu à la prière continuelle, par l'invocation du Nom de Jésus :

> « La prière de Jésus intérieure et constante est l'invocation continuelle du nom de Jésus par les lèvres, le cœur et l'intelligence, dans le sentiment de sa présence, en tout lieu, en tout temps, même pendant le sommeil. Elle s'exprime par ces mots : *Seigneur Jésus-Christ, ayez pitié de moi !* Celui qui

---

1. La Prière dite de Jésus prend sa source au mont Sinaï, au Ve siècle. On attribue à saint Diadoque de Photicée la paternité de la fameuse formule : *Seigneur Jésus-Christ, Fils de Dieu, aie pitié de moi, pécheur*. Il s'agit en l'occurrence d'une combinaison de deux prières de l'Évangile : la prière de l'aveugle Bartimée sur la route de Jéricho : *« Fils de Dieu, aie pitié de moi ! »* (Lc 18, 38) et de la prière du publicain : *« Mon Dieu, aie pitié du pécheur que je suis ! »* (Lc 18, 13).

s'habitue à cette invocation ressent une grande consolation et le besoin de dire toujours cette prière ; au bout de quelque temps, il ne peut plus demeurer sans elle et c'est d'elle-même qu'elle coule en lui. Comprends-tu maintenant ce qu'est la prière continuelle[1] ? »

Et plus loin, le pèlerin de saisir :

« Les Pères ont raison de dire que la philocalie est la clef qui découvre les mystères ensevelis dans les Écritures. Sous sa direction, je commençais à comprendre le sens caché de la Parole de Dieu ; je découvrais ce que signifie l'homme intérieur au fond du cœur, la prière véritable, l'adoration en esprit, le Royaume à l'intérieur de nous, l'intercession de l'Esprit Saint ; je comprenais le sens de ces paroles : vous êtes en moi ; donne-moi ton cœur ; être revêtu du Christ ; les fiançailles de l'Esprit dans notre cœur ; l'invocation : *Abba*, Père ! Et bien d'autres[2]. »

L'enseignement du maître va droit à l'essentiel : la prière continuelle a pour but de nous faire entrer en nous-mêmes pour rencontrer Dieu, le Bien-Aimé, dont le fruit est la paix du cœur. On ne la récite pas mécaniquement comme un mantra hindou, elle n'est pas une technique, mais une supplication amoureuse. La méthode aide au départ, mais c'est pour l'oublier ensuite. Le nom et le visage de la personne que l'on aime et qui nous fait du bien reviennent souvent dans notre souvenir. Le fait d'y penser souvent nous comble de joie et nous encourage dans les moments difficiles de la journée. *L'invocation du Nom*, plus que la répétition d'une formule, dessine un chemin intérieur de l'intelligence vers le cœur, à la rencontre de Jésus qui nous irradie de la gloire de sa résurrection, de l'Esprit Saint lui-même. Elle s'ouvre sur une véritable spiritualité, un dialogue incessant avec Dieu. Sa lumière enveloppe alors nos pensées, nos paroles,

---

1. Auteur anonyme, *Récits d'un pèlerin russe*, coll. « Livre de vie », n° 62 Seuil, Paris, 1996, p. 29.

2. *Ibid.*, p. 56.

nos actions, nos travaux, nos relations et toutes nos journées. « Lorsque l'intelligence et le cœur sont unis dans la prière et que les pensées de l'âme ne sont pas dispersées, le cœur se réchauffe d'une chaleur spirituelle et la lumière du Christ y resplendit, remplissant de paix et de joie l'homme intérieur[1]. » Chaque fois que nous disons « Jésus » dans la prière, nous actualisons sa présence et entrons dans le dynamisme de sa résurrection pour nous laisser porter vers le Père.

Au commencement, prier n'est pas une chose naturelle et il faut de la persévérance pour « prier sans cesse », selon le conseil de l'Apôtre. Dans l'évangile de Luc, les paraboles de l'ami qui se laisse fléchir et du juge inique en sont l'illustration concrète (cf. Lc 11, 5-8; 18, 1-8). Les mots utilisés sont forts : il faut demander « sans vergogne, ennuyer Dieu, lui casser la tête ». À cause d'une telle insistance, Dieu se laisse gagner et attendrir à la mesure de la confiance de celui qui prie. Et Jésus de conclure : *« Et Dieu ne ferait pas justice à ses élus qui crient vers lui jour et nuit ? Et il les fait attendre ! Je vous le déclare : il leur fera justice bien vite. Mais le Fils de l'homme, quand il viendra, trouvera-t-il la foi sur la terre ? »* (18, 7-8.) Trouvera-t-il des personnes persévérantes dans la confiance et dans l'amour ? La réponse que Dieu veut donner à la supplication, c'est lui-même présent dans les cœurs, source d'*hesychia.* D'après les Anciens, le prix attaché à la prière persévérante, c'est le don de la prière elle-même : *«* Tout jeune novice, témoigne Silouane, je priais un jour devant l'icône de la Mère de Dieu et la prière de Jésus fit irruption dans mon cœur, et voici qu'elle y habite désormais pour toujours[2]. »

En réalité, c'est l'Esprit qui suscite en nous la prière de Jésus.

---

1. Séraphin de Sarov, cité par J. Serr et O. Clément, *La prière du cœur*, coll. « spiritualité orientale », Abbaye de Bellefontaine, Bégrolles-en-Mauges, 1977, p. 19.

2. Cité par J. Lafrance, *La prière du cœur*, *op. cit.*, p. 52.

« L'Esprit aussi vient en aide à notre faiblesse, car nous ne savons pas prier comme il faut ; mais l'Esprit lui-même intercède pour nous en gémissements ineffables. » (Rm 8, 26)

Alors la prière devient incessante :

« Lorsque l'Esprit établit sa demeure dans l'homme, précise Isaac de Ninive, celui-ci ne peut plus s'arrêter de prier. Qu'il dorme, qu'il veille, la prière ne se sépare pas de son âme. Tandis qu'il mange, qu'il boit, qu'il est couché, qu'il se livre au travail, qu'il est plongé dans le sommeil, le parfum de la prière s'exhale spontanément dans l'âme. Désormais, il ne maîtrise plus sa prière pendant les périodes de temps déterminées, mais en tout temps[1]. »

Description similaire chez le pèlerin russe :

« Au bout de quelque temps, je sentis que la prière passait d'elle-même dans le cœur, c'est-à-dire que mon cœur, en battant régulièrement, se mettait en quelque sorte à réciter en lui-même les paroles saintes sur chaque battement. Bientôt apparut dans mon cœur une bienfaisante chaleur qui gagna toute ma poitrine. [...] Je m'habituai si bien à la prière qu'elle se faisait d'elle-même, sans aucune activité de ma part ; elle jaillissait de mon esprit et dans mon cœur, non seulement en état de veille, mais pendant le sommeil, et ne s'interrompait plus une seconde[2]. »

Pourtant, nous le savons, il n'est pas si facile que cela de prier. Lorsque la prière traverse des zones de turbulences, d'aridité et de ras-le-bol, les Pères conseillent de ne pas lâcher. Ne nous inquiétons pas de la pureté de notre prière ni des distractions qui la malmènent. Persévérer, même du bout des lèvres, nous entraîne au courage, à la patience et à la confiance en Dieu. Un jour, vaincu par nos efforts inutiles à nos yeux, il finira par nous gratifier de la prière continuelle, jaillissant du cœur, comme une seconde nature, celle des fils et des filles de Dieu.

---

1. Cité par J. LAFRANCE, *ibid.*, p. 73.
2. *Récits d'un pèlerin russe*, *op. cit.*, p. 42.

Comment pratiquer la *prière de Jésus*

Tout d'abord, nous allons nous mettre à l'écoute des enseignements de la philocalie.

> « La prière qui monte à l'intérieur du cœur avec attention et sobriété, en dehors de toute pensée, de toute imagination quelle qu'elle soit, c'est d'abord : *Seigneur Jésus Christ, Fils de Dieu*. L'esprit se tend tout entier hors de toute matière, hors de toute parole, vers le Seigneur Jésus Christ qu'il commémore. C'est ensuite : *Aie pitié de moi*. L'esprit revient et retourne en lui-même, comme ne supportant pas de ne pas prier pour lui-même. Ayant progressé vers l'amour par expérience, il est tout tendu désormais vers le Seigneur Jésus Christ, car il a reçu, du second temps de l'invocation, la claire certitude[1]. »

Jean Climaque complète : « Que le souvenir de Jésus soit attaché à ta respiration. Alors tu connaîtras le secours de *l'hesychia*[2]. »

En même temps que le souffle qui entre en soi, il faut unir les mots de la prière : *Seigneur Jésus Christ, Fils de Dieu…*

Trois mises à disposition dessinent le cadre pratique qui prédispose à la prière :

1. La position corporelle de base est la position assise, silencieuse et solitaire. C'est la position la plus stable, mais on peut aussi s'agenouiller, ou même rester debout. On incline légèrement la tête vers l'avant et on ferme les yeux : plus que la position du corps, celle de la tête et des yeux est essentielle. Inclinée sur la poitrine, la tête peut également se recourber jusqu'à ce que le visage vienne se mettre entre les genoux ;

---

1. *Philocalie des Pères neptiques*, fascicule 1, Calliste et Ignace Xanthopouloi, Abbaye de Bellefontaine, Bégrolles-en-Mauges, 1979, p. 122-123.

2. *Ibid.*, p. 75.

2. On ralentit le rythme de la respiration et on dirige son esprit vers l'intérieur en se centrant sur son cœur ;

3. On commence à prononcer la prière de Jésus en inspirant sur la première partie (*Seigneur Jésus-Christ*) et, à la fin de l'inspir, un petit arrêt (*Fils de Dieu*), puis, en expirant sur la deuxième partie (*Aie pitié de moi, pécheur*).

Ou encore :

1. En inspirant : *Seigneur Jésus-Christ* ;
2. En expirant : *Fils de Dieu* ;
3. En inspirant : *aie pitié de moi* ;
4. En expirant : *pécheur.*

La deuxième possibilité, qui divise la prière en quatre, convient mieux lorsque nous la « ruminons » en pleine activité. Il est possible aussi de ménager un espace de silence, sur plusieurs respirations, pour laisser résonner en soi le Saint Nom. Possible également, au fil de la prière, de « resserrer » de plus en plus l'invocation jusqu'à garder simplement le rappel du Nom : *Jésus !*

Voici l'explication plus « technique » qu'en donne la philocalie :

> « Toi donc, assis dans ta cellule et recueillant ton esprit (pensées, imagination), fais-le entrer (l'esprit) par la voie où le souffle pénètre dans le cœur. Pousse-le et force-le à demeurer avec le souffle inspiré dans le cœur. Dès qu'il y est entré, la peine et l'effort disparaîtront, la joie et la grâce se feront sentir et les choses qui doivent suivre se feront d'elles-mêmes pour toi. [...] C'est là une chose qu'il te faut apprendre, quand ton esprit en est arrivé là : tu ne dois pas le laisser dans le silence et l'inertie, mais donne-lui d'avoir pour œuvre et pour exercice continuel la prière : *Seigneur Jésus Christ, Fils de Dieu, aie pitié de moi, pécheur.* Qu'il ne cesse jamais de le dire. Car la prière le garde de toute enflure. Elle l'empêche d'être soumis par les outrages de l'ennemi. Elle l'élève chaque jour dans l'amour et le désir de Dieu[1]. »

1. *Ibid.*, p. 72-73.

Et alors, « petit à petit, le Nom de Jésus s'identifie aux battements du cœur. Le cœur, de lui-même, prie et respire sans cesse dans la Prière de Jésus qui devient ainsi la prière perpétuelle et incessante[1]. » Cet aspect « technique » a pour but, dans un premier temps, de libérer l'esprit de l'oppression des pensées et de libérer les « énergies du cœur » afin qu'elles puissent « rayonner en nous sans entrave au travers de notre âme aussi bien que de notre corps. Dans le cœur est la vie et là aussi, il convient de vivre[2]. » De là, la lumière s'irradie dans toute la personne : cœur, intelligence, corps. Elle restaure peu à peu l'homme coupé de Dieu, de ses racines spirituelles et, donc, de son propre cœur. Elle le guérit intérieurement. Dans ce sens, on peut dire que la *prière de Jésus* exerce une réelle puissance thérapeutique sur le priant[3].

Pour entrer dans la pratique de la *prière de Jésus*, je vais t'indiquer, cher ami lecteur, quelques conseils simples et basiques.

Pour commencer, réserve-toi deux quarts d'heure par jour, le matin et le soir. Cherche un endroit silencieux, puis :

Assieds-toi confortablement, le dos bien droit.

Invoque l'Esprit Saint en murmurant, par exemple, cette prière :

---

1. J. Serr et O. Clément, *op. cit.*, p. 18.

2. *Ibid.*, p. 19.

3. Depuis la chute (Gn 3), l'homme vit une rupture entre le cœur, qui sécrète ses aspirations profondes, et l'esprit, pollué par les pensées passionnées. Finalement, il ne sait pas ce qui est bon pour lui. Il doit apprendre à descendre dans son cœur pour trouver la lumière divine et se trouver lui-même.

Viens en nous, Esprit créateur,
Viens visiter l'âme des tiens
Et remplir des grâces du ciel
Les cœurs que tu créas toi-même.

Nous t'appelons Consolateur,
Toi qui es don du Dieu Très-Haut,
Source vive, Feu, Charité,
Invisible consécration.

Tu es les sept dons en nos âmes,
Le doigt de la droite du Père,
Tu es du Père la promesse,
Tu dis sa Parole à nos cœurs.

Allume à nos yeux ta lumière
Et verse en nos cœurs ton amour.
Affermis toujours de ta force
La faiblesse de nos corps.

Au loin, repousse l'Ennemi,
Sans retard, donne-nous la paix,
Par Toi guidés et précédés,
Nous éviterons tout danger.

Fais-nous connaître Dieu le Père,
Enseigne-nous aussi son Fils,
Et fais-nous toujours croire en Toi,
Toi qui es leur commun Esprit.

Gloire à Dieu le Père éternel,
Au Fils ressuscité des morts,
À l'Esprit Saint consolateur,
Pendant tous les siècles des siècles. Amen !

Mets-toi devant une icône du Christ ou une image représentant celui-ci.

– Visualise intérieurement Jésus qui pose son regard sur toi. C'est à lui, en effet, que tu adresses cette prière.

– Durant une à deux minutes, prends le temps de bien respirer.

– Ensuite, dans le temps qui te reste, pratique la prière en disant : *Seigneur Jésus Christ, Fils de Dieu, aie pitié de moi, pécheur*, en inspirant et expirant comme il a été dit plus haut.

Au début, il est possible d'éprouver une certaine difficulté dans la pratique de cette prière. Mais si tu persévères, la prière du cœur s'ancrera peu à peu dans ta vie et ancrera ta vie en Dieu. Dans les semaines et les mois qui suivront, s'il est possible, augmente ton temps en présence du Seigneur. Pour que la prière, petit à petit, habite ton quotidien, redis-la mentalement en marchant, en attendant un bus ou un rendez-vous, avant de t'endormir, etc. Ne te crispe pas sur des pensées ou des distractions qui, inévitablement, se glisseront dans ton esprit, laisse-les venir et continue, dans le calme, l'invocation du Nom. Plus la pensée de « Jésus » t'habitera, plus les pensées pénibles s'en iront, mais ceci, rappelle-toi, par pure grâce de Dieu. Car, par ta prière, le Seigneur agit en toi comme un parfum qui s'échappe naturellement d'un flacon, imprégnant l'air de son agréable odeur, jusqu'à transformer totalement ton atmosphère intérieure.

Pour souligner la puissance de la *prière de Jésus*, les Pères conseillent à celui qui n'a pas la foi, et qui cherche à faire une expérience de Dieu, de commencer par invoquer humblement le Nom, sans trop se poser de questions. Cette « pratique », qui met Jésus dans le cœur, diffuse une telle douceur que la personne finit par s'ouvrir et accueillir l'Amour que le Père infuse dans l'âme.

Face aux distractions (images, souvenirs bons ou mauvais), je vais t'indiquer un moyen pratique tout simple, tiré d'une parabole que je cite de mémoire.

Un jeune moine alla demander conseil à l'ancien :

> « J'essaie en vain de chasser les distractions qui m'assaillent pendant la prière. À la fin, je me sens tout simplement épuisé et découragé, avec l'impression d'avoir perdu mon temps. Que faire ? » Le sage lui répondit : « Tu te souviens, l'année passée, nos moissons ont souffert d'une invasion de sauterelles. Ces petites bêtes s'infiltraient partout jusque dans les aliments. Nous étions parfois dégoûtés de manger. Au début, je m'énervais et m'épuisais à chasser celles qui tournoyaient autour de ma soupe. Épuisé, je n'avais plus faim et, surtout, la soupe ne me paraissait plus du tout appétissante. Au bout de quelques jours, je ne perdis plus mon temps à les chasser, je sortais celles qui étaient tombées dans mon assiette et je terminais mon repas, sans me poser de questions. Par la suite, je fis un pas de plus : je mangeais tout, les sauterelles avec la soupe. Pour finir, quand une sauterelle sautait hors de l'assiette, je la remettais dedans et je ne m'en préoccupais plus. Toi, jeune homme, fais de même avec tes distractions ! »

Les distractions, dès qu'on leur donne de l'attention, nous tourmentent. Laisse-les venir en toi et regarde-les tournoyer sans t'en préoccuper. Surtout, pas de crispation et n'essaie pas non plus de les écarter avec rage, sinon elles se représenteront avec plus de force encore. Elles font partie de ta vie, elles sont ta vie. Après les avoir regardées de loin, fixe-toi à nouveau sur Jésus. Lorsque tu suis un film passionnant à la télévision, les cris des enfants autour de toi ou le bruit des voitures, même s'ils te dérangent, ne t'empêchent pas de suivre ton film. Tu y jettes un coup d'œil de temps en temps, puis tu te concentres à nouveau sur l'écran. Pense que Jésus en toi est bien plus intéressant que tes distractions.

Sache encore, cher ami, que si tu n'es pas responsable des distractions qui surviennent, tu n'en es pas pour autant l'esclave. Le Seigneur t'a fait don de la liberté, c'est-à-dire du pouvoir d'agir dans le sens du bien. La plupart du temps, c'est toi qui choisis d'entrer en discussion avec une suggestion ou non. Soyons suffisamment lucides pour reconnaître que cela se passe souvent en l'espace d'un quart de seconde, avant de pencher d'un côté ou d'un autre. Un éclair de lucidité et de liberté totale, sans contrainte, où nous restons maîtres de nous-mêmes. Tu dois admettre que tu as ce pouvoir de bien choisir. Mais lorsque la prière traverse des moments de sécheresse et d'ennui et qu'à ce moment-là surgit une pensée ou une image soulevant une émotion agréable ou désagréable, au lieu de l'écarter, tu t'y complais volontiers, laissant de côté la vigilance, au moins pour meubler ce temps qui semble si long.

Chasser les mauvaises pensées par la *prière de Jésus*

La rumination du Nom « éveille en nous la piété, fait vaincre toutes les tentations, combat toutes les maladies de l'âme: mauvais penchants, affections, vices, surtout charnels, irritations, dangers et occasions de péchés. Elle va contre les illusions, les manifestations nocturnes des démons, enfin elle fait garder le perpétuel souvenir de Dieu et fait maintenir facilement et sans peine une oraison assidue et continuelle[1]. »

Par exemple, lorsque nous sentons monter en nous une bouffée de colère, de tristesse ou un mouvement d'excitation de quelque nature qu'il soit, il faut, sans hésiter et sans attendre, invoquer le nom de Jésus sauveur et libérateur, et y enfoncer nos émotions.

Lorsque la peur, l'angoisse ou toutes sortes de sentiments de culpabilité nous oppressent, la *prière* peut être vécue comme une authentique thérapie spirituelle, nous décollant peu à peu de nous-mêmes et nous fixant sur Dieu. Plus qu'un exercice à faire, une habitude à prendre, il s'agit surtout d'un rendez-vous d'amour incontournable, où nous laissons Jésus être notre Sauveur.

---

1. R. et A. GOETTMANN, *op. cit.*, p. 54.

En tant que remède, la *prière de Jésus* est destructrice des passions et change la conduite. De même que le médecin place un cataplasme sur la blessure du patient et que ce cataplasme agit sans que le patient ne sache comment, appeler le Nom de Dieu « enlève les passions » sans que l'on ne sache comment ni pourquoi, d'après les Anciens. En effet, *« ceux qui sont au Christ ont crucifié la chair avec ses passions et ses désirs »* (Ga 5, 24). Ils marchent sous l'impulsion de l'Esprit.

Toutefois, les Pères nous enseignent que, par nos propres forces, il est inutile de vouloir et de pouvoir chasser les idées noires, car nous sommes confrontés à plus fort que nous :

> *« Ce n'est pas à l'homme que nous sommes affrontés, mais aux Autorités, aux Pouvoirs, aux Dominateurs de ce monde de ténèbres, aux esprits du mal qui sont dans les cieux. »* (Ep 6, 12)

> Mais *« Dieu est fidèle ; il ne permettra pas que vous soyez tentés au-delà de vos forces. Avec la tentation, il vous donnera le moyen d'en sortir et la force de la supporter. »* (1 Co 10, 13)

Un seul mot d'ordre dans les moments d'angoisse et de combat avec les passions, qui paraissent insurmontables : persévérer *« ni par force ni par puissance, mais par son Esprit »* (Za 4, 6).

> *« Nous mettons notre orgueil dans nos détresses mêmes, sachant que la détresse produit la persévérance, la persévérance la fidélité éprouvée, la fidélité éprouvée l'espérance. »* (Rm 5, 3-4)

Et le fruit de l'espérance, c'est l'amour de Dieu en nous :

> *« Car l'amour de Dieu a été répandu dans nos cœurs par l'Esprit Saint qui nous a été donné. »* (Rm 5, 5)

Chapitre 3

La méditation de la Parole comme thérapie

Une lecture « amoureuse » de la Parole

Certains passages de la Bible peuvent agir de façon thérapeutique sur nous, à condition de ne pas les lire de manière moralisante, comme des indications ou des règles à suivre pour améliorer notre comportement.

La lecture « amoureuse » de la Parole conduit à la rencontre personnelle et bouleversante avec Jésus vivant. À partir de là, il suffit de se laisser aimer, de goûter cette Parole qui exhale l'amour de Dieu au plus profond de notre cœur, tel un parfum. Se laisser aimer, c'est apprendre à se laisser faire par Lui, par sa Parole qui nous rejoint et vient éclairer notre vie concrète. C'est la laisser agir et disséquer les zones cachées de notre personnalité, pour les habiter de sa paix. Prenons ce passage de saint Jean :

> *« Comme le Père m'a aimé, moi aussi je vous ai aimés ; demeurez dans mon amour. Si vous observez mes commandements, vous demeurerez dans mon amour, comme, en observant les commandements de mon Père, je demeure dans son amour. »* (Jn 15, 9-10)

L'approche moralisante consisterait à se demander tout de suite ce qu'il faut faire pour demeurer dans l'amour du Christ, ou bien comment améliorer son comportement pour aimer selon Jésus, etc. Cette vision passe directement de la lecture au faire et à l'agir, en négligeant l'être qui l'accueille. Elle ne s'intéresse pas à l'impact de la Parole sur la personne.

L'amour, certes, n'est pas l'exclusivité du chrétien, toute personne en est capable. Il existe pourtant un amour spécifiquement chrétien. Celui-ci réside dans le fait que Dieu, le premier, nous a aimés gratuitement, par Jésus : *« Comme le Père m'a aimé, moi aussi je vous ai aimés. »* Ce don divin de l'amour et l'accueil de ce don retournent et transfigurent l'être du croyant. L'amour chrétien se présente d'abord comme Quelqu'un qui nous aime à la folie et qui veut être reçu : *« Il est venu chez les siens et les siens ne l'ont pas accueilli. Mais à ceux qui l'ont reçu, à ceux qui croient en son nom, il a donné le pouvoir de devenir enfants de Dieu. »* (Jn 1, 11-12) Le don précède le faire et l'agir, l'Amour nourrit l'être et comble le cœur. Le faire jaillit de cette union. Seule la voie mystique s'intéresse à ce qui se passe dans la personne qui accueille le Mystère et la fait pénétrer dans les profondeurs du cœur de Dieu.

Entrons maintenant dans ce texte de saint Jean en utilisant la méthode signalée plus haut :

1. *La lecture ou l'accueil de la Parole* : bien souvent, nous avons de la peine à accueillir un texte. Nous le lisons rapidement, de manière distraite, avec l'impression du « déjà connu », lui faisant dire ce qu'il ne dit pas. Plus inquiétant encore, lorsque nous l'entendons durant une messe : le « déjà entendu cent fois » nous coule dessus, comme la pluie sur les plumes d'un canard, si bien qu'à la fin de la lecture, je défie plus d'un de redire ce qui a été lu ! Entraînés à faire, à produire, à donner tout le temps notre point de vue, à mêler un peu partout notre grain de sel, nous éprouvons

de la peine à recevoir gratuitement, à nous laisser rejoindre par une Parole qui n'attend pas de réponse immédiate. Pourtant, il faut nous y exercer, car c'est le seul moyen de laisser Dieu agir en nous. Cette première étape, l'accueil de la Parole, consiste à lire et à relire plusieurs fois le texte qui se déroule sous mes yeux, tranquillement, sans chercher à le comprendre intellectuellement, comme un cadeau que l'on déballe paisiblement. Avant qu'une lettre d'amour fasse son effet, l'amoureux ne la relit-il pas des quantités de fois, jusqu'à la connaître par cœur ?

2. *La méditation* : je relis le texte en m'arrêtant sur chaque mot, sur chaque phrase. Cette fois-ci, je me sens concerné directement : cette parole s'adresse à moi personnellement, c'est Jésus lui-même qui me parle. Je le regarde, je l'entends me dire : « Je t'aime », cela me va droit au cœur. Je lui demande de me faire mieux comprendre ce qu'il me souffle à l'oreille. J'attends, je fais silence, j'écoute ce qui se passe en moi. Il n'est pas rare, dans ces moments-là, de ressentir des touches divines d'une grande douceur, telles une paix profonde, une grande joie, des intuitions qui me font saisir quelque chose d'important de ma vie ou de celle de Dieu. Ce moment précieux éveille en moi la prière d'offrande et d'intercession. Je présente au Seigneur toutes mes intentions, mes demandes, ce qui va bien ou non dans ma vie, le monde entier. Bref, un bel instant de dialogue.

3. *La contemplation* : elle est le regard profond porté sur la réalité, jusqu'à rejoindre l'essentiel de tout être. Le contemplatif pose son regard sur la parole ou la phrase qui le touche le plus. Il va la savourer et s'en imprégner comme d'un parfum de grande valeur.

Pour ma part, voici le passage qui m'impressionne : *« Moi aussi je vous ai aimés. »* Cette phrase, je la répète lentement, la laissant descendre en moi pour en éprouver à la fois la douceur et la force. Elle n'a pas fini de libérer toute la paix qu'elle contient. Je me sens profondément exister, je me sens aimé sous le regard de Dieu, tel que je suis réellement. Je la répète mentalement avec amour, je la « respire » sur le rythme suivant : *inspiration* : « Moi aussi » et *expiration* : « je vous ai aimés », telle une litanie. Ainsi, tout le corps participe à la prière. Petit à petit, cette « respiration d'amour » laisse entrer dans l'âme un silence bienheureux. Celui-ci s'imprègne en moi, donné d'en-haut. Alors, les mots se taisent. Je jouis de la douceur d'une Présence. Lorsque les distractions reprennent le dessus comme des chevaux en bataille, je me replonge, sans tension, dans la respiration de la Parole. Toujours avec amour. Cette invocation tirée de la Parole biblique méditée peut aussi alimenter ma prière continuelle tout au long de la journée.

Parole « thérapeutique »

En prenant le temps de « prier la Parole », de la lire avec amour, bien des zones de notre vie personnelle vont s'éclairer, s'ouvrir, se fortifier et guérir. Notre cœur s'enfoncera progressivement dans l'Amour de Dieu, devenant une citadelle dans laquelle nous pourrons voir clair, prendre les bonnes décisions et agir librement, sans que la liberté intérieure soit altérée par des pressions internes ou externes.

Anselme Grün dit que l'homme qui s'ouvre à Dieu, simplement, dans la prière, se retrouve en face de lui-même, dans sa réalité intérieure. À partir de là, l'inconscient se dévoile à ses yeux. Ce qui a été longtemps refoulé émerge à la conscience. La prière illumine les abîmes de notre âme. Attention à ne pas confondre la prière avec une thérapie psychanalytique, bien sûr ! Pourtant, en présence de Dieu, nous comprenons mieux qui nous sommes. Sans pratiquer une auto-analyse ou une quelconque introspection, nous déplaçons notre regard et le fixons sur Dieu. En lui, nous voyons comme dans un miroir la réalité de notre cœur et la profondeur de notre inconscient. Nous laissons simplement la lumière divine et la puissance de son amour y descendre. Même si la rencontre avec nous-mêmes nous dévoile des côtés cachés qui soulèvent la peur, la prière nous protège du découragement, parce qu'elle nous garde dans l'amour de Dieu. Dieu est comme le spéléologue qui nous emmène dans le ventre de la terre. Il nous conduit à travers des couloirs dangereux, en nous soutenant. De découverte en découverte, nous savons que, guidés par lui, nous ne risquons pas de tomber[1].

Laissons, pour conclure, la parole à Isaac le Syrien :

> « L'étude continuelle de l'Écriture est la lumière de l'âme. Car elle pénètre celle-ci de souvenirs utiles, elle l'aide à se garder des passions, à persévérer dans le désir de Dieu, dans la pureté de la prière. Mais elle ouvre aussi devant nous le chemin de la paix sur les traces des Saints. [...] Quand l'homme lit les versets avec un esprit de finesse, son cœur s'affine lui aussi et s'apaise. La puissance divine, dans une merveilleuse compréhension de l'âme, lui donne un goût très doux[2]. »

Si tu te sens à l'aise avec cette lecture « amoureuse » de la Parole, je t'invite, cher lecteur, à méditer chaque jour un texte biblique. Tu peux, par exemple, lire un Évangile d'un bout à l'autre, à ton rythme, le méditant verset par verset. Il est particulièrement conseillé d'entrer dans cette mine d'or qu'est le psautier. Chaque psaume transpire ces émotions et ces sentiments qui tissent notre quotidien, ces colères, ces joies, ces angoisses qui nous mettent en boule. Tu y décèleras les nombreux ennemis qui assiègent ton cœur, mais, surtout, la puissance de Dieu qui t'est offerte et lutte à tes côtés. En les priant et en les méditant, tu reprendras courage et tu sentiras la force de Dieu venant briser les pensées qui t'assaillent.

---

1. Cf. A. Grün, *La cura dell'anima*, Paoline, Milano, 2004 p. 85-87.

2. Isaac le Syrien, *op. cit.*, p. 62 ; 204.

Tu as aussi la possibilité de méditer chaque jour les textes de la liturgie de la messe lus dans toutes les églises du monde. Une belle manière de te sentir porté avec et par toute l'Église sur ton chemin de joie et de croix. Tu les trouves en un volume ou sous forme de revues mensuelles.

Chapitre 4

LA LOUANGE, UNE VITAMINE INDISPENSABLE

Retrouver un cœur de louange

Par son péché, l'homme s'est coupé de Dieu et coupé en deux. Avant la rupture originelle (Gn 3), le cœur de l'homme s'orientait naturellement vers Dieu dans la reconnaissance, l'action de grâce, la louange et l'adoration. Par l'adoration, il reconnaissait la Source de toute la création. Séparé de Dieu, il ne le loue plus, il se loue lui-même. Il veut être son propre créateur, devenant ainsi un « ego-centré ». En ne trouvant plus en Dieu la source de son bonheur, il le cherche dans la satisfaction de ses passions.

> « Ce qui fait que nous sommes déchus, c'est que notre conscience s'est détachée du cœur et s'est identifiée aux passions et aux idoles. [...] Les passions sont comme l'inverse de ce dynamisme d'adoration. L'homme porte en lui ce dynamisme ; s'il ne l'oriente pas vers Dieu, alors il va s'adorer lui-même. [...] S'il ne prie pas Dieu, il va se prier lui-même. Ce sont les mille idoles possibles. La passion, c'est une pulsion de la nature de l'homme ; c'est, finalement, le désir d'adorer Dieu, mais détourné vers un objet contingent et partiel qui ne peut lui révéler l'absolu[1]. »

1. J. LAFRANCE, *op. cit.*, p. 33 ; 37.

Dans la conversion et la rencontre avec Dieu, l'homme retrouve sa véritable nature, qui est d'être louange et action de grâce. Lorsqu'il détecte la trace de Dieu en lui, il en ressent une ineffable tendresse. Saisi du dedans par un amour aussi grandiose, il s'émerveille :

« L'amour du Christ nous étreint, à la pensée qu'un seul est mort pour tous » (2 Co 5, 14), s'émeut saint Paul, jusqu'à être hors de sens (5, 13). De cet émerveillement surnaturel jaillissent louange et action de grâce :

> *« Béni soit Dieu, le Père de notre Seigneur Jésus Christ : Il nous a bénis de toute bénédiction spirituelle dans les cieux en Christ. Il nous a choisis en lui avant la fondation du monde pour que nous soyons saints et irréprochables sous son regard, dans l'amour. Il nous a prédestinés à être pour lui des fils adoptifs par Jésus Christ, ainsi l'a voulu sa bienveillance à la louange de sa gloire, et de la grâce dont il nous a comblés en son Bien-aimé. »* (Ep 1, 3-6)

Plus puissant que l'énergie psychique, ce mouvement ascensionnel de louange et d'adoration nous porte tout entiers vers le Père, dans l'offrande du Christ. Comme un torrent débordant, il entraîne, sur son passage, toutes nos passions disparates et en folie. Il les jette entre les mains du Père, « dans les cieux », pour être transfigurées et ré-harmonisées. Pour être délivrés de nos pensées négatives engendrées par les passions, il nous suffit de les accrocher au dynamisme de la louange. Et Dieu fera le reste.

Plus nous louons et plus nous nous élevons vers ce Père de qui vient tout don parfait, car *« la guérison se trouve dans ses rayons »* (Ml 3, 20).

Que veut dire louer ?

> *« Soyez toujours dans la joie,*
> *priez sans cesse,*
> *rendez grâce en toute circonstance. »* (2 Th 5, 16-17)

Dans ce verset, la prière continuelle forme un joyeux trio avec la joie manifestée et l'action de grâce. Les trois s'insèrent dans un même mouvement ascensionnel qui nous décentre de notre « ego ».

Elles se donnent la main, elles sont complémentaires et nécessaires, si nous voulons écarter les pensées qui nous tourmentent.

Dans l'action de grâce, nous reconnaissons les dons reçus de Dieu, c'est une manière de le remercier de tous ses cadeaux, tandis que la louange rend gloire à Dieu pour ce qu'il est, elle le chante pour lui-même au-delà de ce qu'il fait. Elle est donc plus pure, plus gratuite. J'emprunte au livre de Bertrand Georges une parabole simple et éclairante sur la distinction des différentes formes de prières :

> « Quand on est un petit garçon et qu'on désire quelque chose, que fait-on ? En principe, on va le demander à son papa : "Papa, s'il te plaît, puis-je avoir un vélo ?" : c'est la prière de *demande.* Il faut parfois être persévérant dans la prière de demande ; les papas le savent bien, et les petits garçons aussi. Lorsqu'on demande quelque chose de bon pour nous, nous sommes exaucés.
> Recevant son petit vélo, après avoir plus ou moins persévéré, cela dépend des papas et des petits garçons, l'enfant va dire merci à son père : c'est la prière d'*action de grâce*.
> Puis il monte sur son petit vélo, pédale de tout son cœur et aussi de toutes ses forces et, tout en roulant, il dit : "Mon papa est super, c'est le meilleur" : c'est la prière de *louange.*
> Ensuite, ne trouvant plus les mots pour dire que son papa est génial et pour exprimer sa joie, il chante : "Youpi, tralala" : c'est le chant en langues, la prière en langues.
> Après avoir un peu roulé, il s'arrête avec sa petite bicyclette dans une jolie clairière et descend de son vélo. Il est tellement content qu'à l'intérieur de lui-même, il se dit : "Vraiment, mon papa, il est chouette" : c'est *l'oraison mentale.*
> Et enfin, voyant son petit frère qui ne peut pas encore rouler à vélo, mais qui aimerait bien un petit tricycle, il va, pour lui, le demander à son papa : c'est la prière d'*intercession*[1]. »

---

1. B. Georges, *Vivre dans la louange*, éd. des Béatitudes, Nouan-le-Fuzelier, 2001, p. 26-27.

La *prière de Jésus*, par exemple, entre dans « l'oraison mentale ».

La louange et l'action de grâce relèvent de la vocation de tout chrétien, celle de garder ouverte la Source de toute création, afin que la vie de Dieu continue d'irriguer nos vies comme la pluie le fait pour la terre.

Sans cela, l'humanité se changerait en désert.

Quels sont les effets de la louange et de l'action de grâce sur nos vies ?

Elles nous rapprochent de Dieu et nous décentrent de nos problèmes. Elles nous gardent dans un esprit d'émerveillement et, donc, d'accueil et d'ouverture de ce qui est nouveau. Ceux qui prétendent tout savoir et avoir tout compris ne s'émerveillent plus. Repliés sur leurs acquis, leur cœur ne reçoit plus suffisamment l'oxygène spirituel venant du dehors ou du dedans d'eux-mêmes. Ils perdent le goût et la joie de vivre. L'émerveillement envahit notre cœur de joie et nous introduit dans la louange :

> *« Ô Seigneur, notre Dieu, qu'il est grand ton nom par toute la terre ! À voir ton ciel, ouvrage de tes doigts, la lune et les étoiles que tu fixas, qu'est-ce que l'homme pour que tu penses à lui, le fils d'un homme, que tu en prennes souci ? »*, s'émerveille le psalmiste (Ps 8, 2-5).

En reconnaissant Dieu, la louange le laisse agir dans nos vies. Et il agit avec une puissance extraordinaire sur nos pensées perturbatrices.

En constatant les bienfaits de Dieu sur son âme, le croyant entre facilement dans la confiance en lui :

> *« Car les montagnes peuvent bien s'écarter et les collines chanceler, mon amour ne s'écartera pas de toi, mon alliance de paix ne chancellera pas, dit le Seigneur qui te console. »* (Is 54, 10)

À chaque épreuve, nous savons que, d'une manière ou d'une autre, Dieu interviendra. Écrasés de difficultés, la confiance nous établit dans une paix profonde, car nous savons que Dieu ne nous abandonne pas :

> *« Ne soyez inquiets de rien, mais, en toute occasion, par la prière et la supplication accompagnées d'action de grâces, faites connaître à Dieu vos demandes. Et la paix de Dieu, qui surpasse toute intelligence, gardera vos cœurs et vos pensées en Jésus-Christ. »* (Ph 4, 6-7)

Dans les moments de difficultés, il faut continuer de louer Dieu, afin de ne pas rompre la puissance de la louange : « Seigneur, je suis dépassé, écrasé par ce qui m'arrive. Je souffre. Mais je sais que tu m'en sortiras. Je te fais confiance et je te loue pour ta présence, ton action toute-puissante sur le mal et la souffrance. Je ne veux pas me centrer sur moi, mais sur toi. Et je te loue pour ce que tu es, et parce que tu ne me laisseras pas chanceler. » Ce qui est important, c'est de proclamer, au-delà des apparences du moment, la victoire du Seigneur. Nous retrouvons cette force lyrique dans le Magnificat. Marie chante la victoire de l'Envoyé de Dieu sur les orgueilleux, les riches, les puissants de ce monde, sur tous les ennemis intérieurs et extérieurs… Pourtant, le Fils de Dieu, le vainqueur annoncé, n'est pas encore né ! Et Marie chante sa victoire définitive. Un chant riche de confiance et d'espérance.

La louange, une thérapie ?

Oui, mais comment ?

Lorsque l'on est rongé par les pensées, c'est bien connu, on reste centré sur soi, n'entendant plus personne.

La louange nous dévisse de nous-mêmes et nous visse sur quelqu'un d'autre, Dieu : *« Qui regarde vers lui resplendira, sans ombre ni trouble au visage. »* (Ps 33, 6)

Ainsi, par la louange, nous allons petit à petit immoler notre orgueil, notre « nombrilisme », passer de l'égocentrisme au « Théocentrisme[1] ».

Cette démarche, qui demande un gros effort de volonté, permet de nous détourner de nos pensées. En nous faisant prendre du recul, la louange nous aide à relativiser nos difficultés, à les regarder de loin.

Elle ouvre aussi notre regard sur la souffrance des autres et pas seulement sur la nôtre. Combien de fois ne restons-nous pas ancrés dans notre souffrance comme un moyen d'attirer l'attention des autres !

La louange fait naître en nous un esprit de compassion, et nous éprouvons le besoin de prier pour les autres, d'aller les aider. Rien de tel que de se donner aux autres pour déployer toutes les forces de charité qui nous habitent et retrouver ainsi la santé. Quel est le jeûne que je préfère, dit Dieu à Isaïe, n'est-ce pas *« de partager ton pain avec l'affamé, d'héberger chez toi le pauvre sans abri, de vêtir un homme nu, de ne pas te dérober devant celui qui est ta propre chair ? Alors ta lumière éclatera comme l'aurore, ta blessure se guérira rapidement... Alors, tu crieras et le Seigneur te répondra, tu appelleras, il dira : Me voici ! »* (Is 58, 7-9.) Enfin, la louange nous délivre de nos peurs et de nos angoisses (cf. Ps 4). Les psaumes écrits par tant de personnes, angoissées et au fond du gouffre, témoignent que la louange, mêlée à leur détresse, libère.

Je me souviens d'une enquête médicale d'il y a quelques années, mettant en évidence les effets bénéfiques de la prière. Les gens qui prient manifestent rarement des troubles cardio-vasculaires. Ils sont peu portés aux dépressions, symptômes de stress et d'angoisse existentielle.

---

1. *Ibid.*, p. 159.

Comment entrer dans la louange ?

Tout d'abord, cher ami lecteur, comme déjà évoqué dans cet ouvrage, il est possible de « planifier » des heures de louange en suivant les offices du *bréviaire* où sont consignés les psaumes. En louant Dieu à partir des psaumes de la *Liturgie des heures*, tu rejoins toutes les âmes consacrées de par le monde, qui chantent et prient les mêmes hymnes et psaumes que toi, au même moment de la journée.

Prends du temps pour laisser monter de ton cœur des louanges spontanées, avec tes mots à toi, selon les circonstances ou tes états d'âme. Tu peux le faire seul, en couple ou en communauté. L'idéal serait de rejoindre un groupe de prière charismatique, dont l'une des caractéristiques essentielles est la louange libre et spontanée. En équipe, on se sent soutenu et porté, c'est plus facile. Tes mots, inspirés par l'Esprit Saint, touchent les cœurs, les éclairent, suscitent en eux une prière, comme par ricochet. Il n'est pas rare qu'à travers un enchaînement de louanges, l'Esprit donne un véritable enseignement pour la communauté. À la fin d'une veillée, combien de personnes ne témoignent-elles pas avoir reçu des réponses à leurs questions grâce à la prière inspirée des frères. D'autres en repartent apaisées, fortifiées, confiantes.

Seul, je t'invite à prier le Psaume 135, par exemple, qui est une prière à forme répétitive comme la *prière de Jésus*. C'est une hymne de louange et d'adoration qui reconnaît que le Seigneur a toujours été fidèle avec son peuple Israël, le délivrant de ses ennemis. La louange reconnaît que Dieu est plus fort que tous nos obstacles. Il est créateur de l'univers et vainqueur des obstacles qui nous empêchent d'avancer.

Lis le psaume dans son intégralité. Puis prie-le en mettant l'accent sur : *« Éternel est son amour. »* D'abord tu le loues pour la création. Ensuite, identifie les *« Égyptiens »* avec les pensées qui te torturent. Ce sont elles aujourd'hui tes véritables ennemies, qui te rendent esclaves de Pharaon, tes obsessions. Le Seigneur est capable de fendre la *« mer Rouge »*, de te faire passer à travers ces pensées qui veulent t'engloutir dans la peur, l'angoisse, la colère, l'érotisme. Tu sais que le Seigneur t'en sortira, tu le reconnais à travers cette louange, tu te vois déjà de l'autre côté, *« à pied sec »*, libéré des tentations. Ta chair s'apaise, tu reçois le pain de Dieu, la présence de l'Esprit qui calme et rassure. Redis ce psaume jusqu'à ce que tu retrouves la paix, dans la foi et la pure louange. En le récitant, ne te préoccupe pas du résultat, proclame-le, c'est tout. Et Dieu fera le reste, sois-en assuré ! À la fin, garde dans ton cœur : *« Éternel est son amour. »* Utilise cette parole comme une arme tranchante, tout au long de la journée, contre les pensées qui tenteront de refaire irruption en toi. Tu sais, dans la foi, que *« son amour »* te protégera de toute tempête.

Rendez grâce au Seigneur : il est bon, *éternel est son amour !*
Rendez grâce au Dieu des dieux, *éternel est son amour !*
Rendez grâce au Seigneur des seigneurs, *éternel est son amour !*
Lui seul a fait de grandes merveilles, *éternel est son amour !*
lui qui fit les cieux avec sagesse, *éternel est son amour !*
qui affermit la terre sur les eaux, *éternel est son amour !*
Lui qui a fait les grands luminaires, *éternel est son amour !*
le soleil qui règne sur le jour, *éternel est son amour !*
la lune et les étoiles, sur la nuit, *éternel est son amour !*
Lui qui frappa les Égyptiens dans leurs aînés, *éternel est son amour !*
et fit sortir Israël de leur pays, *éternel est son amour !*
d'une main forte et d'un bras vigoureux, *éternel est son amour !*
Lui qui fendit la mer Rouge en deux parts, *éternel est son amour !*
et fit passer Israël en son milieu, *éternel est son amour !*
y rejetant Pharaon et ses armées, *éternel est son amour !*
Lui qui mena son peuple au désert, *éternel est son amour !*
qui frappa des princes fameux, *éternel est son amour !*
et fit périr des rois redoutables, *éternel est son amour !*
Séhon, le roi des Amorites, *éternel est son amour !*

et Og, le roi de Basan, *éternel est son amour !*
pour donner leur pays en héritage, *éternel est son amour !*
en héritage à Israël, son serviteur, *éternel est son amour !*
Il se souvint de nous, les humiliés, *éternel est son amour !*
il nous tira de la main des oppresseurs, *éternel est son amour !*
À toute chair, il donne le pain, *éternel est son amour !*
Rendez grâce au Dieu du ciel, *éternel est son amour !*

D'autres psaumes similaires : 15 ; 30 ; 85 ; 90 ; 117 ; 142.

Dans les moments d'amertume, de découragement ou de déprime, replié sur tes idées noires, regarde le beau livre de la création, laisse-toi toucher, émerveiller par ce que tu vois. L'émerveillement te décentre de toi-même et déclenche la louange.

Pour cela, sors de ta maison, promène-toi dans un beau décor : en haute montagne, autour d'un lac, dans la forêt, le long d'une rivière, etc. Respire profondément, admire et trouve les mots pour dire merci. Prie la *« louange de la création »* (Dn 3) proposée par la *Liturgie des heures* à l'office des laudes, le dimanche matin :

Béni sois-Tu, Seigneur, Dieu de nos pères :
À Toi, louange et gloire éternellement !

Béni soit le nom très saint de Ta gloire :
À Toi, louange et gloire éternellement !

Béni sois-Tu dans Ton saint temple de gloire :
À Toi, louange et gloire éternellement !

Béni sois-Tu sur le trône de Ton règne :
À Toi, louange et gloire éternellement !

Bénis sois-Tu, Toi qui sondes les abîmes :
À Toi, louange et gloire éternellement !

Toi qui sièges au-dessus des Kéroubim :
À Toi, louange et gloire éternellement !

Béni sois-Tu au firmament, dans le ciel :
À Toi, louange et gloire éternellement !

Toutes les œuvres du Seigneur, bénissez-le :
À Toi, louange et gloire éternellement !

De la même façon, reprends tout au long de la journée, comme prière continuelle : *« À Toi, louange et gloire éternellement ! »* Admire, cherche ce qui est beau et ne sois pas avare de louange. Le psautier est un trésor de cantiques. Scrute-le, note les passages qui te parlent, retiens-les, apprends-les par cœur pour les redire souvent.

Un dernier conseil : lorsque la prière monte difficilement de ton cœur angoissé, assieds-toi confortablement, écoute un CD de ces chants chrétiens qui t'invitent au recueillement. Choisis les chants que tu aimes, qui te parlent de Dieu, qui évangélisent, ces cantiques issus des communautés nouvelles et monastiques, composés sous l'inspiration du Saint Esprit, apportant à l'âme un réel réconfort. Laisse-les descendre dans ton cœur, savoure-les, écoute-les de nouveau, ils te porteront, ils t'apaiseront. Lorsque les mots de la louange s'étouffent en toi ou buttent contre la révolte du moment, alors laisse-toi porter par le chant de tes frères et de tes sœurs, par toute l'Église qui prie pour toi. Comme les gens qui ont fait descendre le paralytique aux pieds de Jésus à travers le toit de tuiles, leur louange te conduira jusqu'à lui.

Chapitre 5

Le dispensaire du Cœur immaculé de Marie

Les passions et les pensées chez Marie

Marie a-t-elle éprouvé des passions, des émotions et des sentiments ?

Tout comme Jésus, Marie a des passions, toute cette force des sentiments que nous connaissons dans notre propre cœur : amour et haine, tristesse et joie, crainte et espoir.

Nous savons par expérience combien l'homme est divisé en lui-même, entre les passions désordonnées qui infectent ses pensées et le désir de son cœur de vouloir agir selon la volonté de Dieu. Paul décrit ce combat entre la chair (l'homme fragile, voué au péché) et l'Esprit :

> *« Écoutez-moi, marchez sous l'impulsion de l'Esprit et vous n'accomplirez plus ce que la chair désire. Car la chair, en ses désirs, s'oppose à l'Esprit et l'Esprit à la chair ; entre eux, c'est l'antagonisme ; aussi ne faites-vous pas ce que vous voulez. »* (Ga 5, 16-17)

De par le privilège de son Immaculée Conception, par pure grâce de Dieu (elle n'est pas soumise aux impulsions de la chair), Marie n'est pas divisée en elle-même.

Le cœur de Marie est ce cœur humain dont tous les sentiments sont animés par l'Esprit Saint, foyer d'Amour. Marie n'a qu'un même cœur avec Jésus. Tous deux éprouvent les mêmes sentiments, les mêmes passions.

L'unité et l'harmonie de tout l'être sont, en Marie, le fruit de l'Amour de Dieu. Saint Jean Eudes commente :

> « Elle n'a jamais eu d'amour que pour son Dieu et pour les choses que Dieu aime.
> Elle n'a jamais eu de haine que pour les choses qui sont l'objet de la haine de Dieu.
> Elle ne s'est réjouie que de ce qui plaisait à la divine Majesté.
> Rien n'était capable de lui donner aucune tristesse que ce qui a pu contrister son Fils bien-aimé.
> Elle n'a eu d'autre crainte que la crainte filiale qu'elle pouvait avoir de penser, de dire ou de faire quelque chose qui ne fût pas agréable à Dieu.
> Elle n'a point d'autre désir, sinon d'accomplir en tout et partout sa très adorable volonté. Toute son espérance était en Dieu seul. »

Tout comme Jésus, sa haine du mal, sa colère intérieure ou son angoisse au moment de la Passion ne l'ont jetée ni dans le désespoir ou le ressentiment, ni dans l'amertume ou le désir de vengeance. Au contraire, cette énergie passionnelle a donné plus de force et de noblesse encore à son désir de vaincre les puissances du mal par l'amour. Écoutons saint Jean Eudes à ce sujet :

> « Qui pourrait penser avec quelle douleur elle ressentait les injures atroces qu'elle voyait faire à son Fils bien-aimé ? Elle savait qu'il était innocent et la sainteté même et elle le voyait persécuté, supplicié comme s'il était le plus grand des scélérats. […] Ses oreilles remplies de malédictions et de blasphèmes, tous ses membres disloqués en sorte qu'on pourrait compter tous ses os, tout son corps défiguré couvert de plaies et de sang, son âme pleine d'angoisse et de tourments […]. À l'imitation de son Jésus, elle excuse ceux qui lui arrachent l'âme du corps, disant de cœur pour eux au Père éternel les

mêmes paroles qu'il lui dit de bouche et de cœur tout ensemble : *"Père, pardonne-leur, car ils ne savent pas ce qu'ils font."* [1] »

Il est difficile d'imaginer réellement ce que vivait Marie à l'intérieur d'elle-même. Les Évangiles entourent son intimité de secret et de silence. Toutefois, en lisant les passages la concernant, en observant les attitudes de Jésus, ses émotions, ses troubles, ses joies et exultations, il nous est possible d'y glaner quelques impressions, puisque leurs deux cœurs battent à l'unisson.

Un verset de l'évangile de Luc lève, à mon sens, un petit coin du secret :

> *« Quant à Marie, elle retenait tous ces événements et les méditait dans son cœur. »* (Lc 2, 19)

Après le départ des bergers, dans la nuit de Noël, les événements vécus s'impriment *« dans son cœur »*, avec la richesse du mot hébreu : dans sa mémoire, son intelligence, ses pensées, sa réflexion.

Les événements entrés en elles deviennent images, paroles, pensées, suggestions. Plus précisément, nous dit le texte grec, Marie « gardait précieusement ces événements, elle les entourait, elle les protégeait avec amour (*suneterei*), elle roulait ses pensées (*sumballousa*) dans son cœur. » Elle cherche à percer les mystères de ce qui vient de se passer sans vouloir les interpréter dans la précipitation. Elle les regarde avec les yeux de l'Esprit Saint, ces *« yeux illuminés du cœur »* (Ep 1, 18) pour ne pas les abîmer, dans l'attente d'un éclaircissement. Un jour, la réponse lui sera donnée. Pour l'instant, elle veille, elle se laisse guider, elle s'abandonne. À l'inverse, nous sommes tentés par l'impatience, y mettant notre « grain de sel », voulant savoir où Dieu nous

---

1. Consulter « Saint Jean Eudes » sur le site www.mariedenazareth.com

mène, vite, vite. Nous essayons parfois de forcer l'événement, en faisant dire à Dieu ce qu'il ne dit pas. Alors, nous nous excitons, nos pensées s'agitent, et nous perdons la paix. En toute chose et en toute occasion, Marie nous aide à prendre patience, à tout mettre dans la lumière de l'Esprit Saint, à « rouler » nos pensées dans la prière continuelle, à jeter nos euphories sous la meule du temps et de la patience. Il en sortira quelque chose de bon.

Marie demeure constamment en prière, son cœur accroché à Dieu, son regard fixé sur Jésus, en adoration.

Plus loin, dans le même chapitre, il est question du recouvrement de Jésus au Temple. Les parents l'ont cherché pendant trois jours. Le retrouvant enfin au milieu des docteurs, sa mère lui dit : *« Mon enfant, pourquoi as-tu agi de la sorte avec nous ? Vois, ton père et moi nous te cherchons tout angoissés. »* (Lc 2, 48) L'infinitif peut aussi se lire, en grec, *« torturés, suppliciés »* (cf. Lc 16, 24). Malgré tout, la forte émotion de Marie, l'angoisse d'avoir perdu son enfant, ne se traduit ni en reproche ni en amertume. Il s'agit plutôt d'un étonnement (Lc 2, 47), d'une interrogation devant un mystère qui, à nouveau, la dépasse. Jésus, par sa réponse, recentre ses parents sur Dieu : *« Pourquoi donc me cherchiez-vous ? Ne saviez-vous pas qu'il me faut être chez mon Père ? »* (Lc 2, 49.) Marie, en état de prière perpétuelle, remet l'événement mystérieux dans la lumière de l'Esprit Saint : *« Et sa mère gardait tous ces événements dans son cœur. »* (Lc 2, 51)

Dans l'épisode de l'Annonciation, le « trouble » (Lc 1, 29) de Marie est un sentiment que toute personne éprouve en face d'une présence mystérieuse et sacrée qui la dépasse complètement. Devant la grandeur de l'événement, Marie ressent à la fois de la crainte et du respect. Elle accueille profondément cette « Parole », cette suggestion. Elle réfléchit et, mieux, elle « dialogue » (*dialogizomai)* avec elle. À nouveau, ici, Marie médite, essaie d'accueillir le mystère, sans précipitation. L'ange attend et respecte ce moment de liberté. Puis la suite vient éclairer le mystère: *« Sois sans crainte, Marie... »* (Lc 1, 30.) Marie nous apprend que c'est dans la méditation que le Seigneur apaise les cœurs troublés et donne des réponses. Si nous restons dans le trouble, sans nous tourner vers Dieu, nous prendrons des décisions fausses, sans discernement, étant conduits par la peur.

Sa joie éprouvée lors de la visite de l'ange (Lc 1, 26-28) la porte vers sa cousine Élisabeth pour l'assister. Ses pensées préparent des gestes concrets de charité. Sa joie communicative proclame la Bonne Nouvelle qui ouvre un espace à l'Esprit Saint (Lc 1, 41). Et Élisabeth confirme les paroles de l'ange: Marie est effectivement la mère du Seigneur (Lc 1, 43).

À Cana (Jn 2), Marie s'émeut du manque de vin. Son émotion la pousse à agir pour les hommes, à tout faire pour rejoindre leur « manque », comme toute bonne mère. Sa prière incessante ne la clôt pas sur ses pensées, elle reste attentive à ce qui se passe autour d'elle. Immédiatement, elle intervient auprès de son Fils: *« Ils n'ont plus de vin. »* Certainement, là encore, la réponse de Jésus la lance dans le trouble: *« Que me veux-tu, femme? Mon heure n'est pas encore venue. »* Dans cette situation similaire à celle du recouvrement au Temple, Jésus marque ici une claire distance entre les désirs de la mère et la volonté de son Père. Même si l'incompréhension se creuse entre les deux, Marie ne broie pas du noir pour autant. À l'écoute de son cœur et de l'Esprit qui souffle en elle, sa foi se fait inventive, jusqu'à provoquer le miracle de l'eau changée en vin.

Au pied de la croix, le cœur déchiré, traversé par un glaive (cf. Lc 2, 35), Marie vit comme un démenti les paroles de l'ange: *« Le Seigneur Dieu lui donnera le trône de David son père, et que son règne n'aura pas de fin. »* (Lc 1, 32-33) Pourtant, elle ne s'apitoie pas sur son sort. Elle reste debout dans la foi, participant, de toute sa passion d'amour et de toutes ses passions humaines, aux souffrances de son Fils.

> « Comme elle est grande, comme elle est héroïque l'obéissance de la foi dont Marie fait preuve face aux décrets insondables de Dieu ! Comme elle se livre à Dieu sans réserve, dans un complet hommage d'intelligence et de volonté à celui dont les voies sont incompréhensibles (cf. Rm 11, 33) ! Et aussi, comme est puissante l'action de grâce dans son âme, comme est pénétrante l'influence de l'Esprit Saint, de sa lumière et de sa puissance [1] ! »

Ce qui aurait pu ressembler à un total désespoir se mue en action de grâce parce qu'en s'unissant à l'holocauste de son Fils, elle s'unit à sa force rédemptrice pour toute l'humanité. Un total renversement d'énergie grâce à la foi, cette puissance qui lui vient du plus profond de son cœur, capable de retourner les émotions. Malgré la réalité cruelle du moment, ses pensées se drapent d'espérance. Elle offre au Père, par le Fils, toute l'humanité. Elle vit mystiquement, amoureusement et intérieurement la « Messe ». Elle nous montre comment « en esprit et en vérité » vivre l'offrande eucharistique.

Jésus ne l'a pas appelée au ministère sacerdotal à la manière des Apôtres, mais il l'a placée au milieu d'eux pour être le modèle et l'icône de l'offrande parfaite. C'est comme elle que tout prêtre et tout chrétien devraient vivre ce grand moment de l'Eucharistie.

Toutes ses pensées soulevées par les passions (angoisse, troubles, crainte, joie) la mettent en route, l'ouvrent à la vie, l'orientent vers le Christ et vers les hommes. L'énergie négative s'inverse en énergie positive. Jamais de pensées mauvaises en elle parce que l'amour qui l'habite et l'espérance qui la soutient *« dispersent les hommes à la pensée*

---

1. Jean-Paul II, *Redemptoris Mater*, Lettre encyclique sur la bienheureuse Vierge Marie dans la vie de l'Église en marche, n° 18.

orgueilleuse et jettent les puissants à bas de leurs trônes » (Lc 1, 51).

Prends Marie chez toi, elle s'occupera de tes pensées

> *« Voyant ainsi sa mère et près d'elle le disciple qu'il aimait, Jésus dit à sa mère : "Femme, voici ton fils." Il dit ensuite au disciple : "Voici ta mère." Et, depuis cette heure-là, le disciple la prit chez lui. »* (Jn 19, 26-27)

Du haut de la croix, Jésus confie à Jean, et à nous tous, sa Mère, cadeau inestimable. Le cœur d'une mère est un trésor que l'on ne reçoit qu'une seule fois. Quoi de plus beau et de plus précieux qu'une maman pour venir au secours de ses enfants ? Pour que son aide maternelle acquière une puissance encore plus grande, Jésus l'a couronnée Reine, par participation à sa propre royauté. Parfaitement unie à Jésus, vainqueur des forces du mal, Marie reçoit de lui le pouvoir d'écraser la tête de l'antique serpent (cf. Gn 3, 15). Femme revêtue de soleil, elle fait face au dragon rouge feu qui cherche à engloutir ses enfants (cf. Ap 12). En nous réfugiant dans le Cœur immaculé de notre Mère et notre Reine, nous trouvons toutes les grâces nécessaires afin de combattre les pensées mauvaises et démoniaques.

Dans le *Traité de la vraie dévotion à Marie* [1], saint Louis-Marie de Montfort nous enseigne que la Vierge Marie « est le moyen facile d'obtenir de Dieu la grâce pour devenir saint [2] ». Car « Dieu [...], en lui donnant son Fils, lui a donné toutes les grâces. En sorte que, comme le dit saint Bernard, la volonté de Dieu lui est donnée en lui et avec lui [3] ».

---

1. Voir saint Louis-Marie Grignion de Montfort, *Le secret de Marie*, éd. St-Canisius, Fribourg, 1981 ; *Traité de la vraie dévotion à la Sainte Vierge*, Médiaspaul, Paris, 1986.

2. *Le secret de Marie*, n° 6.

3. *Ibid.*

D'ailleurs, l'ange Gabriel ne la salue-t-il pas comme la « comblée de grâces », celle qui a reçu la faveur de Dieu ? Soulignons au passage la richesse du verbe grec (*kekaritomene*) qui signifie, selon Léonardo Boff :

> « La gratifiée, la privilégiée, la contemplée, celle qui a été faite objet de l'amour du Seigneur [...]. Marie devient alors l'objet de l'amour de l'Esprit Saint. Elle est "contemplée" pour être son sanctuaire. Dieu l'a pensée et désirée depuis toujours pour la faire calice entièrement ouvert, capable de recevoir le divin contenu : la Troisième Personne de la Sainte Trinité[1]. »

Puisque Marie a formé en elle la Tête du Corps de l'Église, qui est le Christ, c'est à elle aussi de former les membres que nous sommes. « Car une mère ne forme pas la tête sans les membres, ni les membres sans la tête[2]. »

Par conséquent, plus nous nous laissons former par Marie, plus nous seront communiquées les grâces de la « Tête », et plus nous nous tiendrons solidement dans la grâce face aux passions et aux pensées perturbatrices. En se réfugiant dans le cœur de Marie, on se laisse former par le Saint-Esprit puisqu'en elle, il réside en plénitude. Par son « oui » de l'Annonciation, Marie n'a-t-elle pas, en quelque sorte, épousé l'Esprit Saint dont le fruit est le Fils de Dieu[3] ?

> « Marie est le moule vivant de Dieu, fait par le Saint-Esprit pour former un homme-Dieu. [...] Les êtres qui se laissent former en Marie deviennent une âme bien maniable, bien souple, bien fondue qui, sans se fier à elle-même, se jette en Marie et s'y laisse façonner par l'action du Saint-Esprit[4]. »

Saint Paul écrit que *« nous avons reçu la marque du Saint-Esprit de Dieu »*. Sous son action, nos pensées

---

1. L. Boff, *Je vous salue Marie*, Cerf, Paris, 1986, p. 37.
2. *Le secret de Marie*, n° 7.
3. Voir le très beau livre de M.-T. Huguet, *Myriam et Israël, Le mystère de l'Épouse*, éd. du Lion de Juda, Nouan-le-Fuzelier, 1988.
4. *Le secret*, n° 18.

s'apaisent parce que nos passions mauvaises disparaissent : *« amertumes, irritations, colère, injures, éclats de voix et toute espèce de méchanceté »* (Ep 4, 31).

> « Quand on a une fois trouvé Marie, et par Marie Jésus, et par Jésus Dieu le Père, on a trouvé tout bien. Or, qui dit tout n'excepte rien : toute grâce et toute amitié auprès de Dieu ; toute sécurité contre les ennemis de Dieu ; toute vérité contre le mensonge ; toute facilité et toute victoire dans les difficultés ; toute douceur et toute joie dans les amertumes de la vie[1]. »

Par quel moyen se consacrer chaque jour à Marie ? Le Saint nous en indique le chemin :

> « Elle consiste (cette dévotion) à se donner tout entier, dans une parfaite appartenance à Marie et à Jésus par Marie, avec Marie, en Marie et pour Marie[2]. »

Il insiste pour que nous abandonnions tout à Marie, avec amour et sans contrainte, notre volonté, notre corps, notre âme et nos états d'âmes (avec leurs passions et leurs pensées), le passé, le présent et l'avenir. Il faut donner à Marie nos blessures, nos fragilités, nos passions impossibles à maîtriser et toutes ces fautes dans lesquelles nous retombons sans cesse. Marie prend tout ! Elle se chargera de tout transformer. Ne craignons pas de déposer entre ses mains « la pomme véreuse » de nos mauvaises actions. « Elle prendra le fruit gâté, en enlèvera la pourriture et le déposera dans un plat d'or. » Si nous avons une Mère, nous avons aussi des frères. Cette dévotion conduit l'âme consacrée à Marie à « exercer au plus haut degré possible la charité envers le prochain. [...] L'âme doit, en tout ce qu'elle fait, renoncer à son amour-propre qui se prend presque toujours pour fin d'une manière imperceptible. Elle doit souvent répéter du fond du cœur : "Ô ma chère Souveraine, c'est pour vous que

1. *Ibid.*, n° 21.
2. *Ibid.*, n° 28.

je vais ici et là, que je fais ceci et cela, que je souffre cette peine, cette injure"[1]. »

Cher ami lecteur, réfléchis au rôle de Marie dans ta vie. L'as-tu prise dans ton intimité comme saint Jean ? Si oui, reprends-la tous les jours, pense à elle, unis-toi à elle. Sinon, demande à Jésus la grâce de la recevoir chez toi en méditant ce passage de l'évangile de Jean (Jn 19, 25-27).

Alors, elle agira en toi comme une bonne Mère. Écoute ce que dit saint Bernard :

> « Suis-la et tu ne dévieras pas ! Prie-la et tu ne désespèreras pas ! Pense à elle et tu ne te tromperas pas ! Si elle te porte, tu ne tomberas pas. Si elle te protège, tu ne craindras pas. Si elle te guide, tu ne te lasseras pas. Si elle t'est propice, tu parviendras au but. »

Consacre-toi à elle tous les jours en redisant, par exemple, la prière de saint Louis-Marie, le matin ou le soir avant de t'endormir. Elle gardera tes pensées de tout mal pendant le repos de la nuit. Voici cette consécration :

> « Je vous choisis, aujourd'hui, ô Marie, en présence de toute la cour céleste, pour ma Mère et ma Reine. Je vous livre et consacre, en toute soumission et amour, mon corps et mon âme, mes biens intérieurs et extérieurs, et la valeur même de mes bonnes actions, passées, présentes et futures, vous laissant un entier et plein droit de disposer de moi et de tout ce qui m'appartient, sans exception, selon votre bon plaisir, à la plus grande gloire de Dieu, dans le temps et l'éternité. »

Expérience faite souvent, je puis te promettre que cette prière apaise les pensées. Quand tu es tourmenté, redis-la, de tout ton cœur, avec foi et amour !

La vraie dévotion à Marie porte de beaux fruits, selon le Saint :

---

1. *Ibid.*, n° 39 et 49.

– Elle nous fera participer à sa propre foi, nous établissant dans une solide confiance en Dieu, une foi agissant par la charité. Une telle foi deviendra contagieuse et touchera les cœurs les plus endurcis ;

– Elle ôtera de notre cœur les pensées obsédantes, les scrupules, les découragements afin d'orienter notre esprit vers le Père ;

– Nous agirons plus par amour que par la crainte de perdre la considération des autres ;

– L'âme de Marie se communiquera à nous pour nous réjouir en Dieu et le louer. Notre âme deviendra un continuel « Magnificat ». Tout sera prétexte à louer Dieu.

Magnificat de pensées positives

Le « Magnificat » chanté par Marie représente un bouquet de pensées positives, le renversement impressionnant d'une histoire troublée. Son basculement dans l'espérance.

Les Juifs sont à la fois sous la botte des Romains et soumis au sanguinaire Hérode, le pantin des envahisseurs. Les religieux sont divisés en des quantités de groupuscules (Pharisiens, Sadducéens, Esséniens, etc.) à tout moment, des émeutiers fomentent un renversement de pouvoir. Le petit peuple est laissé pour compte. Seul un « petit reste », humble, pauvre et rempli d'espérance, auquel Marie appartient, résiste dans la fidélité au Dieu d'Israël. Dans ce contexte historique où se déchaînent bien des passions mauvaises débouchant sur des actes de désespoir, la jeune fille de Nazareth se met à proclamer haut et fort que le Seigneur est en train de tout renverser. Non seulement elle annonce que le Tout-Puissant agit dans le présent, mais que déjà la victoire est là, définitive.

Dans le texte grec, le « Magnificat » est chanté au passé. Le verbe utilisé (l'aoriste) indique que le mal est vaincu. C'est fini. C'est derrière.

Littéralement, les versets se lisent ainsi : « Il est intervenu de toute la force de son bras ; il a dispersé les hommes à la pensée orgueilleuse ; il a jeté les puissant à bas de leurs trônes ; il a élevé les humbles ; il a comblé de biens les affamés », etc.

La seule explication intéressante et plausible pour nous réside dans le fait que, pour Marie, la victoire est déjà réalisée dans son cœur. Elle n'a pas peur parce qu'elle a conscience que Dieu est plus puissant que le mal et qu'il est capable de renverser l'histoire. Mais l'histoire s'enracine dans nos cœurs et c'est là d'abord que se situe le vrai combat. Les guerres et les divisions viennent de nos pensées mauvaises (cf. Jc 4, 1-3), et Marie n'a aucune pensée mauvaise. Elle peut donc chanter la victoire du Seigneur en elle. Sûre de Dieu, elle nous transmet une espérance fulgurante, comme si elle nous disait : « Il a réussi en moi, il réussira aussi avec vous, et cela est tellement vrai que mes paroles lyriques vous introduisent déjà dans la victoire définitive. » Son cantique, lorsque nous le chantons, nous fait basculer dans l'espérance. L'espérance oriente notre regard vers Dieu et anticipe sa victoire sur les pensées négatives qui se battent en nous.

Je te l'affirme, cher ami, le « Magnificat » est un puissant antidote contre le découragement. Laisse-moi partager avec toi que j'en ai souvent fait l'expérience. Découragé, troublé ou tourmenté par des pensées et toutes sortes d'imaginations, je le chante haut et fort, « à tue-tête », et, bien souvent, le trouble disparaît. Alors, je t'encourage, n'attends plus d'avoir le moral au plus bas pour t'y mettre :

Mon âme exalte le Seigneur,
exulte mon esprit en Dieu, mon Sauveur !

Il s'est penché sur son humble servante ;
désormais, tous les âges me diront bienheureuse.

Le Puissant fit pour moi des merveilles ;
Saint est son nom !

Son amour s'étend d'âge en âge
sur ceux qui le craignent ;

Déployant la force de son bras,
il disperse les superbes.

Il renverse les puissants de leurs trônes,
il élève les humbles.

Il comble de biens les affamés,
renvoie les riches les mains vides.

Il relève Israël, son serviteur,
il se souvient de son amour,

de la promesse faite à nos pères,
en faveur d'Abraham et de sa race, à jamais.

Gloire au Père, et au Fils, et au Saint-Esprit,
pour les siècles des siècles. Amen.

Prière du Rosaire, prière continuelle

Le Rosaire est une forme de prière répétitive, la forme occidentale de la *prière de Jésus,* qui existe depuis le XIIe siècle. C'est à un chartreux, Dominique de Prusse (dès 1409 à Trèves), qu'il faut attribuer l'institution du Rosaire tel qu'on le connaît avec ses quinze mystères et ses cent cinquante « Je vous salue Marie ». Jean-Paul II a rajouté en 2002 cinq nouveaux mystères. Les vingt mystères sont regroupés en quatre catégories :

– les mystères joyeux (naissance du Christ) ;
– les mystères lumineux (vie publique du Christ) ;
– les mystères douloureux (mort du Christ) ;
– les mystères glorieux (résurrection du Christ).

M'inspirant de la lettre apostolique de Jean-Paul II sur le Rosaire[1], je proposerai quelques pistes pratiques pour une récitation fructueuse du Rosaire. Mais d'abord, quelle est l'utilité de cette prière ? Le Rosaire nous fait entrer dans la dimension contemplative de Marie :

> « Marie vit en gardant les yeux fixés sur le Christ et chacune de ses paroles devient pour elle un trésor : *"Elle retenait tous ces événements et les méditait dans son cœur."* (Lc 2, 19 ; cf. 2, 51) Les souvenirs de Jésus, imprimés dans son esprit, l'ont accompagnée en toute circonstance, l'amenant à parcourir à nouveau, en pensée, les différents moments de sa vie aux côtés de son Fils. Ce sont ces souvenirs qui, en un sens, ont constitué le "rosaire" qu'elle a constamment récité au long des jours de sa vie terrestre. [...] Marie propose sans cesse aux croyants les "mystères" de son Fils, avec le désir qu'ils soient contemplés, afin qu'ils puissent libérer toute leur force salvifique[2]. »

Le Rosaire est une des nombreuses formes de la prière continuelle :

> « Dans le parcours spirituel du Rosaire, fondé sur la contemplation incessante – en compagnie de Marie – du visage du Christ, on est appelé à poursuivre un tel idéal exigeant de se conformer à Lui grâce à une fréquentation que nous pourrions dire "amicale". Elle nous fait entrer de manière naturelle dans la vie du Christ et pour ainsi dire "respirer" ses sentiments[3]. »

Ce passage nous intéresse tout particulièrement. Les sentiments du Christ « respirés » en nous vont avoir, on s'en doute, un fort impact sur les nôtres, à l'origine de nos pensées. Ils modèleront peu à peu nos existences, façonneront nos comportements et nos manières de penser.

---

1. JEAN-PAUL II, *Rosarium Virginis Mariae*, Lettre apostolique sur le rosaire.
2. *Ibid.*, n° 11.
3. *Ibid.*, n° 15.

« Une chose est claire : si la répétition de l'*Ave Maria* s'adresse directement à Marie, en définitive, avec elle et par elle, c'est à Jésus que s'adresse l'acte d'amour. La répétition se nourrit du désir d'être toujours plus pleinement conformé au Christ, c'est là le vrai "programme" de la vie chrétienne [1]. »

Afin de faire pénétrer en nous les sentiments qui ont animé la vie du Christ, il est nécessaire, à chaque mystère du Rosaire, d'écouter la Parole de Dieu :

« Pour donner un fondement biblique et une profondeur plus grande à la méditation, il est utile que l'énoncé du mystère soit suivi de la proclamation d'un passage biblique correspondant qui, en fonction des circonstances, peut être plus ou moins important. Les autres paroles en effet n'atteignent jamais l'efficacité particulière de la parole inspirée. Cette dernière doit être écoutée avec la certitude qu'elle est Parole de Dieu, prononcée pour aujourd'hui et "pour moi".
Ainsi écoutée, elle entre dans la méthodologie de répétition du Rosaire, sans susciter l'ennui qui serait produit par le simple rappel d'une information déjà bien connue. Non, il ne s'agit pas de faire revenir à sa mémoire une information, mais de laisser "parler" Dieu [2]. »

Pour que la prière permette un temps de méditation des mystères du Christ, des temps de silence s'imposent nécessairement :

« *L'écoute et la méditation se nourrissent du silence.* Après l'énonciation du mystère et la proclamation de la Parole, il est opportun de s'arrêter pendant un temps significatif pour fixer le regard sur le mystère médité, avant de commencer la prière vocale. La redécouverte de la valeur du silence est un des secrets de la pratique de la contemplation et de la méditation. Dans une société hautement marquée par la technologie et les médias, il reste aussi que le silence devient toujours plus difficile. De même que dans la liturgie sont recommandés des moments de silence, de même, après l'écoute de la Parole

---

1. *Ibid.*, n° 26.
2. *Ibid.*, n° 30.

de Dieu, une brève pause est opportune dans la récitation du Rosaire, tandis que l'esprit se fixe sur le contenu d'un mystère déterminé [1]. »

Lorsque nos pensées restent centrées sur des images et des souvenirs qui nous perturbent, la méditation du Rosaire nous ouvre à un autre scénario sur lequel nous pouvons nous concentrer. La Parole de Dieu guide notre imagination vers tel ou tel événement de la vie du Christ.

Il te suffit, cher ami, d'actionner le bouton « off » du mauvais scénario, et d'appuyer le bouton « on » du bon. Tout est question de volonté.

Quel est le sens de la récitation des dix *Ave Maria* entre les mystères contemplés ? La première partie de l'*Ave Maria* est tirée des paroles adressées à Marie par l'ange Gabriel et par Élisabeth. Elles sont un cri de joie, de contemplation, d'émerveillement et d'exultation en présence d'un grand mystère : le Fils de Dieu incarné en Marie.

« Ces paroles expriment, pour ainsi dire, l'admiration du ciel et de la terre, et font, en un sens, affleurer l'émerveillement de Dieu contemplant son chef-d'œuvre [...]. Dans le Rosaire, le caractère répétitif de l'*Ave Marie* nous fait participer à l'enchantement de Dieu : c'est la jubilation, l'étonnement, la reconnaissance du plus grand miracle de l'histoire. Il s'agit de l'accomplissement de la prophétie de Marie : *"Désormais tous les âges me diront bienheureuse"* (Lc 1, 48). »

Merveilleuse prière, qui introduit dans nos esprits agités et anxieux la joie du ciel !

La deuxième partie culmine sur le nom de Jésus, tel un sommet, un point d'appui, un centre de gravité. Par Marie, nous nous ancrons plus profondément dans la vie du Christ. Il faudrait accentuer la prononciation de « Jésus » et s'y arrêter quelques secondes. Étonnamment, nous entrons dans la même réalité suggérée par la *prière de Jésus*.

1. *Ibid.*, n° 31.

Jésus et sa Mère sont si étroitement liés que la deuxième partie s'adresse directement à Marie : « Sainte Marie, Mère de Dieu, prie pour nous, pauvres pécheurs, maintenant et à l'heure de notre mort. » Nous pouvons nous adresser directement à elle par une supplication, confiant notre vie ainsi que l'heure de notre mort à sa maternelle présence et intercession.

Déjà, en disant « Sainte Marie », nous rejoignons Dieu à travers elle, le Saint par excellence. Elle apparaît comme le Temple rempli de la sainte Présence, la « comblée de l'Esprit Saint ». Elle est sainte de la sainteté de l'Esprit.

Aussi n'est-il pas normal que l'enfant à la fois s'émerveille de sa mère et ne cesse de la supplier, de tout lui demander ?

En définitive, « la prière de l'*Ave Maria* est un ensemble de louanges à la très Sainte Vierge et Mère, qui culmine dans une grande requête : "Priez pour nous, pauvres pécheurs." Que pouvons-nous faire, nous, enfants, devant une mère si bienveillante et bénie, sinon supplier et implorer le plus admirable des biens que nous puissions désirer, le bien suprême, le salut[1] ? »

Pour utiliser cette prière simple et répétitive, je te propose, cher ami, quelques pistes pratiques.

Tu peux la réciter comme une méditation et une contemplation de la Parole de Dieu à travers les yeux de Marie. Demande-lui de t'y introduire. N'est-ce pas son vœu le plus cher que ses enfants trouvent la paix en adorant son Fils, en le suivant dans toutes les étapes de sa vie ? Fais-en ta prière quotidienne, en récitant un chapelet par jour, par exemple. Cherche dans la Bible les passages qui collent aux différents « mystères », écris-les, sois créatif ! Tu trouves aussi des livres qui proposent des méditations toutes faites. Il suffit de les demander en librairie.

---

1. L. Boff, *op. cit.*, p. 78.

Comment répartir dans la semaine les différents « mystères » joyeux, lumineux, douloureux et glorieux ? Laissons la parole à notre défunt Pape :

> « Selon l'usage courant, le lundi et le jeudi sont consacrés aux "mystères joyeux", le mardi et le vendredi aux "mystères douloureux", le mercredi, le samedi et le dimanche aux "mystères glorieux". Où insérer les "mystères lumineux" ? Considérant que les mystères glorieux sont proposés deux jours de suite, le samedi et le dimanche, et que le samedi est traditionnellement un jour à fort caractère marial, on peut conseiller de déplacer au samedi la deuxième méditation hebdomadaire des mystères joyeux, dans lesquels la présence de Marie est davantage accentuée. Ainsi, le jeudi reste opportunément libre pour la méditation des mystères lumineux [1]. »

Prends le temps de réciter lentement les *Ave Maria*, comme des perles d'amour lancées dans le cœur de Marie. Quand on aime, les mots ne sont-ils pas toujours les mêmes et jamais ennuyeux ?

Une autre manière de prier le Rosaire, c'est de l'utiliser comme la *prière de Jésus*, une prière du cœur dans les moments de détresse, d'angoisse, de sécheresse, ces instants où l'intelligence, tellement bombardée de pensées agitées, ne parvient plus à se concentrer. Alors, vite, ne te formalise pas, murmure les *Ave* comme le cri de l'enfant lancé vers sa maman. Notre Mère est tellement proche de l'enfant qui souffre, qu'elle fait tout pour l'apaiser.

Il est possible aussi de prier le Rosaire lorsque nous sommes en déplacement. La récitation est alors plus simple. Elle ne requiert pas un lieu particulier ni un livre, pas même une halte silencieuse. On peut le réciter partout, dans la rue, en voiture, dans le train, en se promenant. Il demande seulement un peu d'attention de l'esprit et du cœur. Il aide même à atténuer le stress, parce que c'est une prière qui donne la paix au cœur et à l'esprit, et nous permet, en ajoutant

1. JEAN-PAUL II, *op. cit.*, n° 38.

une intention à chaque mystère, d'entrer en communion avec tous et d'intercéder avec Marie pour le salut de tous. Dans ce cas de figure, cite de mémoire le nom de chaque « mystère », visualise-le et fais un arrêt sur image pendant quelques secondes. Il m'arrive de prier ainsi au volant de ma voiture, en avion, en voyage.

Un dernier mot sur « l'instrument ». Matériellement, le chapelet est un instrument de prière, c'est un collier de grains enfilés que l'on fait glisser ou rouler entre ses doigts en récitant chaque fois une prière. On peut aussi dire la prière du chapelet avec un dizainier. Il y a des dizainiers-bracelets formés de dix grains et d'une croix et des dizainiers-bagues qui comportent dix encoches et une petite croix. L'occupation des doigts qui égrènent le chapelet écarte la fatigue de l'immobilité.

À ce sujet, laissons une dernière fois la parole au pape Jean-Paul II :

> « Le chapelet est l'instrument traditionnel pour la récitation du Rosaire. Une pratique par trop superficielle conduit à le considérer souvent comme un simple instrument servant à compter la succession des *Je vous salue Marie*. Mais il veut aussi exprimer un symbolisme qui peut donner un sens nouveau à la contemplation.
>
> À ce sujet, il faut avant tout noter que *le chapelet converge vers le Crucifié*, qui ouvre ainsi et conclut le chemin même de la prière. La vie et la prière des croyants sont centrées sur le Christ. Tout part de Lui ; tout tend vers Lui ; et par Lui, tout, dans l'Esprit Saint, parvient au Père.
>
> En tant qu'instrument servant à compter, scandant la progression de la prière, le chapelet évoque le chemin incessant de la contemplation et de la perfection chrétienne. Le bienheureux Bartolo Longo voyait aussi le chapelet comme une "chaîne" qui nous relie à Dieu. Une chaîne, certes, mais une douce chaîne ; car telle est toujours la relation avec Dieu qui est Père. Une chaîne "filiale", qui nous accorde à Marie, la "servante du Seigneur" (Lc 1, 38) et, en définitive, au Christ lui-même qui, tout en étant Dieu, s'est fait "serviteur" par amour pour nous (Ph 2, 7).

Il est beau également d'étendre la signification symbolique du chapelet à nos relations réciproques ; par lui nous est rappelé le lien de communion et de fraternité qui nous unit tous dans le Christ[1]. »

1. *Ibid.*, n° 36.

Conclusion

QUE CHOISIR ?

Je t'entends déjà me dire : mais quelle méthode de prière utiliser ?

Une seule réponse : choisis l'amour, choisis d'aimer. Pour embrasser l'être aimé, il y a plusieurs techniques, mais la meilleure est d'aimer vraiment.

Souviens-toi de « l'hymne à la charité » de saint Paul :

> *« Quand je parlerais en langues, celle des hommes et celle des anges... Quand j'aurais le don de prophétie, la connaissance de tous les mystères.* [...] *Quand j'aurais la foi la plus totale, celle qui transporte les montagnes.* [...] *Quand je distribuerais tous mes biens aux pauvres et aux affamés,* [...] *s'il me manque l'amour, je n'y gagne rien. »* (1 Co 13)

Je pourrais continuer la liste : « Quand je saurais prier comme il faut, possédant toutes les méthodes du monde pour trouver la paix intérieure, s'il me manque l'amour, cela ne me sert de rien. »

« La prière, dit sainte Thérèse d'Avila, est un commerce d'amitié avec Dieu », c'est-à-dire un échange d'amour. La prière, c'est d'abord se tourner vers Dieu de tout son cœur. Dans une vision, le Christ dit un jour à sainte Angèle de Foligno : « Occupe-toi de moi et je m'occuperai de toi. » Tout est là : quand on aime, on cherche le bien de l'autre. Dieu s'occupera de nos problèmes.

La prière est avant tout l'accueil de l'amour de Dieu. Il faut vivre au quotidien cette réalité : Dieu m'aime. C'est donc un amour reçu, répandu dans nos cœurs (cf. Rm 5, 5) qui est Esprit. Plus notre existence est pénétrée de l'Esprit, comme une éponge imbibée par l'eau, plus notre âme se gonfle de la prière continuelle. Il suffit ensuite de la « presser » pour qu'en sorte la charité, l'amour véritable du prochain. Là se vérifie l'authenticité de la prière.

Comme le souligne Jean Lafrance :

> « Lorsque l'Esprit a établi ainsi sa demeure dans le cœur de l'homme, il est bien évident qu'on ne peut plus distinguer entre amour de Dieu et amour du prochain, prière et charité fraternelle, ces deux réalités sont inextricablement unies. La prière suscite une charité totale dans le cœur. [...] Aimer, ce n'est pas d'abord être héroïque dans le désintéressement : au contraire, cette perfection ne vient qu'à la fin. Aimer, c'est d'abord être attiré, séduit, captivé par le visage de tendresse de Dieu. [...] Et de la même manière qu'il est impossible de prier sans avoir vu ce visage, il est impossible d'aimer ses frères si l'on n'a pas compris que Dieu est amour. Le premier acte libre et méritoire qui nous est demandé, c'est de croire à cet amour, de céder à cette séduction, à cet attrait, de se laisser prendre, de se laisser "avoir", de se laisser faire [1]. »

Pourquoi insister tant sur l'amour ? C'est justement pour éviter que la prière ne conduise à un repli sur soi, une fuite, une tentative de se faire du bien par le moyen de l'autre, par le moyen de Dieu, par le moyen d'une technique. Dans ce cas, l'autre est phagocyté par mon « moi », au service de mon besoin, forcé de me faire du bien. Au final, je me retrouve seul avec moi-même, n'ayant pas pu résoudre mon problème. Le Nouvel Âge a glissé dans cette hérésie, présentant un dieu « puissance cosmique » que l'on s'approprie par toutes sortes de techniques, une « Énergie vitale » que l'on domestique au service du mieux-être. Mais un dieu

1. J. LAFRANCE, *op. cit.*, p. 81-83.

sans visage, sans consistance, impersonnel, qui se fond dans l'océan cosmique comme le sel dans la mer, plongeant l'humanité dans un isolement encore plus profond.

Alors, cher ami, prie et aime en même temps, et ton cœur trouvera le bon rythme, « systole et diastole », en pompant le sang (la vie) jusqu'à lui et en le rejetant dans tout l'organisme, pour le nourrir et le régénérer. Et surtout, aie le courage de la prière ! Il en coûte beaucoup d'abandonner ses pensées, surtout lorsqu'elles nous séduisent et nous réduisent en esclavage, pour se concentrer sur Dieu. Sache-le, je te le dis en vérité et par expérience, cela demande un réel renoncement à soi-même. C'est un choix, celui de prendre sa croix sur les pas de Jésus. Mais par la suite, nous sentons combien est léger son fardeau et doux son joug. Au début, la prière est toujours facile, tandis qu'il arrive un moment où elle nous ennuie, voire nous dégoûte vraiment. Alors, toutes les raisons sont bonnes pour vaquer à d'autres occupations et la fuir.

> « Dites-vous donc une bonne fois : quoiqu'il arrive, je ne me perdrai pas dans mes découragements et mes retours sur moi-même ; quand mon âme sera agitée, tentée, vite je déposerai mes pensées pour me jeter dans la prière, comme un chien se jette à la nage, comme on court pour se sauver. Mais où courez-vous ? N'y pensez pas ; dites-vous : je vais prier[1]. »

Quant à choisir la forme de prière, je te dirai : essaie, expérimente, fie-toi à celle qui te convient le mieux. Et surtout, sois fidèle, persévère, va jusqu'au bout. Au bout de l'amour ! Courage, mon frère, tes efforts seront vite récompensés…

En guise de point d'orgue, je confie à ta mémoire le beau témoignage du patriarche Athénagoras (+ 1972) retrouvé, épars, dans mes notes. La prière continuelle l'a transformé, faisant de lui un homme plein d'espérance, désarmé de

1. *Ibid.*, p. 102.

toutes pensées négatives, capable de transmettre aux autres la tendresse de Dieu.

> « La guerre la plus dure, c'est la guerre contre soi-même. Il faut arriver à se désarmer. J'ai mené cette guerre pendant des années. Elle a été terrible. Mais je suis désarmé, je n'ai plus peur de rien, car l'amour chasse la peur. Je suis désarmé de la volonté d'avoir raison, de me justifier en disqualifiant les autres. Je ne suis plus sur mes gardes, jalousement crispé sur mes richesses. J'accueille et je partage. Je ne tiens pas particulièrement à mes idées, à mes projets. Si l'on m'en présente de meilleurs, plutôt non pas meilleurs, mais bons, j'accepte sans regret. J'ai renoncé au comparatif. Ce qui est bon, vrai, réel, est toujours, pour moi, le meilleur. C'est pourquoi je n'ai plus peur. Quand on n'a plus rien, on n'a plus peur. Si l'on désarme, si l'on se dépossède, si l'on s'ouvre au Dieu-Homme qui fait toutes choses nouvelles, alors, lui efface le mauvais passé et nous rend un temps neuf où tout est possible. »

Bibliographie consultée

A. Sources

Archimandrite Sophrony, *Starets Silouane, Moine du Mont Athos, Vie, doctrine, écrits*, éd. Présence, Saint-Vincent-sur-Jabron, 1989.

Auteur anonyme, *Récits d'un pèlerin russe*, coll. « Livre de Vie » n° 62, Seuil, Paris, 1966.

Boff. L., *Je vous salue Marie*, Cerf, Paris, 1986.

Cassien J., *Les Collations*, Textes choisis et présentés par Jean-Yves Leloup, coll. « Spiritualités chrétiennes », Albin Michel, Paris, 1992.

Delbrêl Madeleine, *Alcide, Guide simple pour simples chrétiens*, coll. « Livre de Vie » n° 133, Seuil, Paris, 1968.

Ephraïm Fr. et Dr Mardon-Robinson, *Le chemin des nuages ou la folie de Dieu, De l'angoisse à la sainteté*, éd. du Lion de Juda, Nouan-le-Fuzelier, 1988.

Evagrio Pontico, *Sui pensieri, Appunti di Viaggio*, Roma, 2005.

Falvo S., *Vincere la depressione*, éd. Dehoniane, Bologna, 2000.

Georges B., *Vivre dans la louange*, éd. des Béatitudes, Nouan-le-Fuzelier, 2001.

Goettmann A. et R., *Prière de Jésus, prière du cœur*, coll. « Spiritualités vivantes », Albin Michel, Paris, 1994.

GRÜN A., *Conquérir sa liberté intérieure*, éd. de l'Atelier, Paris, 2000.

GRÜN A., *Apprivoiser nos pensées*, coll. « Sagesse », Médiaspaul, Paris, 2008.

GRÜN A., *Preghiera et conoscenza di sé*, Paoline, Milano, 2007.

GRÜN A., *La cura dell'anima*, Paoline, Milano, 2004.

GUILLAMONT A., *Un philosophe du désert : Évagre le Pontique*, Paris, 2004.

HUGUET M.-T., *Myriam et Israël, Le mystère de l'Épouse*, éd. du Lion de Juda, Nouan-le-Fuzelier, 1988.

ISAAC LE SYRIEN, *Œuvres spirituelles*, Desclée de Brouwer, Paris, 1981.

LAFRANCE J., *La prière du cœur*, Abbaye Sainte-Scholastique, Dourgne, 1980.

LECHLER A., *Libéré de l'angoisse*, éd. Brunnen Verlag, Bâle, 1979.

LELOUP J.-Y., *Écrits sur l'hésychasme*, coll. « Spiritualités vivantes », Albin Michel, Paris, 1990.

LELOUP J.-Y., *Paroles du Mont Athos*, coll. « Spiritualités vivantes », Albin Michel, 1991.

MASQUIN L., *Vivre l'angoisse autrement*, éd. des Béatitudes, Nouan-le-Fuzelier, 2006.

Par un chartreux, *Le discernement des esprits*, Presses de la Renaissance, Paris, 2003.

Philocalie des Pères neptiques, Fascicule 1, Calliste et Ignace Xanthopouloi, Abbaye de Bellefontaine, Bégrolles-en-Mauges, 1979.

Philocalie des Pères neptiques, Fascicule 2, Pierre Damascène, Abbaye de Bellefontaine, Bégrolles-en-Mauges, 1980.

Philocalie des Père neptiques, Fascicule 3, Hésychius de Batos et Jean Carpathios, Abbaye de Bellefontaine, Bégrolles-en-Mauges, 1981.

Philocalie des Pères neptiques, Nicétas Sthétatos, Abbaye de Bellefontaine, Bégrolles-en-Mauges, 1982.

Serr J. et Clément O., *La prière du cœur*, coll. « Spiritualité orientale », Abbaye de Bellefontaine, Bégrolles-en-Mauges, 1997.

B. Documents d'Église

Jean-Paul II, *Redemptoris Mater*, Lettre encyclique sur la bienheureuse Vierge Marie dans la vie de l'Église en marche.

Jean-Paul II, *Rosarium Virginis Mariae*, Lettre apostolique sur le rosaire.

Traduction œcuménique de la Bible.

Bible de Jérusalem.

Catéchisme de l'Église Catholique.

The Greek New Testament

Table des matières

DANS LA MÊME COLLECTION

Le sacrement de réconciliation, miracle de l'amour, Jacques Marin, 1995.

« *Nous vous en supplions au nom du Christ, laissez-vous réconcilier avec Dieu.* » C'est ainsi que saint Paul exhortait l'Église de Corinthe. Pourquoi et comment vivre cette réconciliation personnelle ? Retrouvons à la lecture de cet ouvrage le désir de nous confesser ; les fruits de réconciliation et de conversion en résulteront dans toute notre vie spirituelle, personnelle et fraternelle. Pour ne pas manquer ce rendez-vous d'amour, le père Jacques Marin nous donne des conseils très pratiques afin que nous puissions trouver « le pardon et la paix », sans oublier la joie de l'enfant prodigue qui, par son retour, fait la joie du Ciel.

Abraham, un Père au cœur d'enfant, Olivier Belleil, 2000.

Cet ouvrage veut avant tout aider à se laisser saisir et pénétrer par la Parole de Dieu qui, beaucoup plus qu'un texte, est une école de sagesse et d'amour. À la manière des Pères de l'Église, des saints et de la tradition vivante de l'Église, l'auteur propose cinq clés de lecture : le lecteur peut ainsi scruter les différents passages bibliques dans leur sens littéral, spirituel, ecclésiologique, moral et personnel.

Vivre dans la louange, La dynamique de la louange, un chemin de croissance dans la confiance, la paix et la joie, Bertrand Georges, 2001.

Vivre dans la louange, c'est réaliser ce pour quoi nous avons été créés. Cet ouvrage nous aide à entrer dans la louange qui, conduit par le Saint-Esprit, devient un véritable chemin de croissance et d'approfondissement. Nous trouverons dans ces lignes une véritable aide pour demeurer dans la présence de Dieu.

Viens Esprit Saint ! Parcours des sept semaines pour préparer l'effusion du Saint-Esprit, Olivier Belleil, 2007.

Dans les débuts du Renouveau charismatique, des chrétiens ont revécu d'une manière particulière l'expérience de la Pentecôte. Cette grâce - appelée effusion de l'Esprit Saint ou Baptême dans l'Esprit Saint - s'est largement répandue dans l'Église. Dans les groupes de prière, ce rite d'invocation de l'Esprit sur une personne qui le demande est habituellement préparé par un parcours à vivre sur sept semaines. Cet ouvrage est un guide pour vivre ce parcours. Alliant méditations spirituelles et conseils pratiques, il est à prendre pour ce qu'il est : non un manuel à suivre à la lettre mais un outil balisant l'animation des Sept Semaines.

Faire les bons choix au bon moment, Choisir, discerner, décider dans l'Esprit Saint, Bertrand Georges, 2007.

Tous, nous avons de nombreuses décisions à prendre, concernant les différents domaines de notre vie. Le retentissement de ces décisions a plus ou moins d'impact selon l'importance des choix que nous avons à faire. Pour tout cela, comme chrétiens, nous ne manquons pas de jalons : la Parole de Dieu, mais aussi l'expérience bimillénaire de l'Église, qui, comme une Mère et une enseignante, continue de nous donner des repères sûrs et solides. En donner quelques-uns, telle est l'ambition de cet ouvrage.

Sortir gagnant de nos luttes intérieures, Marie-Anne Leroux, 2008.

La vie de tous les jours n'est pas un long fleuve tranquille. Pour un chrétien, aux difficultés du quotidien vient s'ajouter un combat très spécifique : le combat spirituel. Comment faire face au mal qui nous assaille et à ces réactions qui semblent nous dépasser ? Comment passer de la tentation à la victoire ? Ce livre aborde le thème du combat spirituel d'une façon originale et actuelle, en s'appuyant à la fois sur la Parole de Dieu, l'enseignement des Pères et la doctrine de l'Église. Il dresse un constat de toutes les luttes intérieures que l'homme aura à mener dans sa vie spirituelle. Il propose des moyens aussi concrets que variés pour en sortir gagnants. Il dévoile les tactiques de l'Ennemi de nos âmes, le processus des tentations mais il montre surtout que ce sont nos mauvaises complicités qui nous fragilisent dans ce combat. Le livre est présenté de manière pédagogique avec de nombreux exemples, témoignages et citations. À la fin de chaque chapitre, l'auteur propose un exercice personnel pour permettre au lecteur de s'approprier l'enseignement afin que celui-ci sorte réellement gagnant de ses luttes intérieures.

De la faiblesse à la force, Paul de Tarse et Thérèse de Lisieux, un chant d'amour à deux voix, Joël Pralong, 2008.

« Un livre vigoureux pour nous laisser saisir par le Christ, une main donnée à Paul et l'autre à Thérèse de Lisieux, pour nous laisser façonner par la miséricorde à cœur ouvert de Jésus. Un ouvrage à écouter en stéréophonie, la voix féminine de la sainte carmélite donnant des harmoniques à la proclamation masculine de l'Apôtre, afin de nous élancer vers le but de la vie chrétienne, ce Dieu Père au cœur de mère, ce Seigneur puissant aux entrailles de tendresse. » Joël Pralong.

La relation conjugale, Olivier Belleil, 2009.

Cet ouvrage propose une réflexion sur les relations sexuelles dans le couple chrétien à partir de l'Eucharistie. Par ce livre, Olivier Belleil, dans un langage vrai et plein d'humour, s'appuyant sur des exemples concrets puisés dans la vie quotidienne, veut permettre aux couples de retrouver la conscience joyeuse que leur sexualité est une bénédiction de Dieu.

Apprivoiser son caractère, Tu n'es pas responsable de la tête que tu as mais de la tête que tu fais, Joël Pralong, 2009.

Derrière l'écorce de ton caractère, tu es bien plus qu'il n'y paraît. En toi, comme dans une bonne terre, germent toute sorte de talents personnels, de potentialités spirituelles, de dons de Dieu inouïs, prêts à se développer. À toi de travailler ton champ intérieur pour qu'aucune de tes terres ne demeure en friche. S'appuyant sur la vision de l'homme qui se dessine à travers la Bible, la philosophie, la théologie et la psychologie moderne, l'auteur montre comment intégrer et harmoniser les passions dans l'activité humaine, par la prière, la maîtrise des pensées, selon l'enseignement des Pères et par l'exercice des vertus. Apprivoiser notre caractère ne se fera pas du jour au lendemain : c'est un travail de longue haleine, un exercice quotidien qui s'apparente à un entraînement sportif de haut niveau, mais Joël Pralong nous y aide et le résultat attendu en vaut la peine !

Un rendez-vous avec Elle, La présence merveilleuse de la Vierge Marie en nos vies, 2010.

Marie est un cadeau précieux, une perle fine qui resplendit de la beauté et de la bonté de Dieu. Vivre à ses côtés est une joie immense. Pour aider chacun à connaître ce bonheur, Sr Emmanuelle Fournier propose un parcours, ponctué de témoignages et citations, qui mènera le lecteur à un véritable rendez-vous avec Elle. Il sera ainsi accompagné de Thérèse de l'Enfant-Jésus, Louis-Marie Grignion de Montfort, du pape Jean-Paul II et de personnes qui ont bien voulu partager leur expérience de l'intervention de la Vierge dans leurs vies. L'auteur recourt également à cette mine d'or que constituent les récits d'apparitions reconnues par l'Église. Grâce à ces témoins privilégiés de la « Belle Dame » sur notre terre, chacun percevra un peu mieux qui est Marie, sa présence dans nos vies et combien elle s'intéresse à tout ce que nous vivons au quotidien, depuis les plus lourdes épreuves jusqu'à l'examen de violon d'une petite fille.
Ce livre n'entre pas dans de grands débats théologiques, mais propose des démarches spirituelles pour méditer sur la présence de Marie. Au terme de ce parcours le lecteur pourra accueillir la Vierge Marie pour qu'elle l'entraîne dans le sillage de Jésus, dans le souffle du Saint-Esprit.

Composition et mise en pages réalisées par
Compo66 - Perpignan
020/2010